JÜRGEN ZANDER

Ferdinand Tönnies

Die Tatsache des Wollens

Beiträge zur Sozialforschung

Schriftenreihe der Ferdinand-Tönnies-Gesellschaft e.V. Kiel

Herausgegeben von Prof. Dr. Wilfried Röhrich

Band 1

Ferdinand Tönnies

Die Tatsache des Wollens

Aus dem Nachlaß herausgegeben und eingeleitet von

Jürgen Zander

DUNCKER & HUMBLOT / BERLIN

1899 verfaßte und zur Beteiligung an der Preisaufgabe der
Jakob-Frohschammer-Stiftung der Maximilians-Universität München
eingereichte Schrift

Vorwort

Die Ferdinand-Tönnies-Gesellschaft — und die vorliegende Schriftenreihe — ist einem großen Namen verpflichtet. Mit Tönnies (1855 - 1936)
begann in Deutschland die einzelwissenschaftliche Soziologie und damit
eine neue Epoche sozialwissenschaftlicher Erkenntnis. Tönnies' Soziologie vereint typologisches Denken und historische Wirklichkeitserfas-
sung; sie wurde von Marx beeinflußt und präludiert Max Weber.
Durchdrungen ist das Werk von einem tiefgreifenden sozialen Engage-
ment. Davon zeugt schon Tönnies' Fragestellung nach den Bedingungen der (organischen) „Gemeinschaft", nach den Ursachen der (mecha-
nisch-kapitalistischen) „Gesellschaft" und nach den Möglichkeiten einer
neuen Sozial- und Kulturordnung.

Die anhaltende Bedeutung grundlegender Fragen von Tönnies ist
unbestritten. Und die in seiner Kritik erfaßte Problematik der kapitalistischen Gesellschaft besteht fort. Man muß nicht Kulturkritiker
oder Sozialromantiker sein, um das zunehmende Maß zu erkennen, in
welchem diese Gesellschaft menschliche Lebensführung erschwert. Ihre
Komplexität ist zu umfassend, als daß sie erlebnis- und gefühlsmäßig
bewältigt werden könnte. Damit erweist sich das Problem „Entfremdung" — über das Tönnies' Werk auf weiten Strecken handelt — als
ein stets aktuelles Thema. Es ermahnt uns an das menschliche Eman-
zipationsziel.

So widmet sich denn auch die vorliegende Schriftenreihe zwei thema-
tischen Schwerpunkten: Ferdinand Tönnies und den aktuellen Impulsen seiner Disziplin und — hiermit verbunden — der interdisziplinä-
ren Problematik: Entfremdung und Emanzipation.

Wilfried Röhrich

Inhaltsübersicht

---

* Die nachfolgenden Zusammenfassungen und Überschriften zu den §§
sind eine freie Hinzufügung des Hrsgs.

Einleitung des Herausgebers

1. Entstehungsgeschichte des Manuskripts

Gegen Ende der 1890er Jahre war Ferdinand Tönnies — was seine berufliche Stellung anging — in eine verworrene Lage geraten. Seit 1881 Privatdozent in Kiel, seit 1887 der Fachwelt wohl empfohlen durch seine grundlegende Schrift „Gemeinschaft und Gesellschaft", zudem durch seine Hobbes-Studien, hatten seine Verhandlungen mit dem Ministerialdirektor im Preußischen Kultusministerium, Friedrich Althoff, noch immer zu keinem befriedigenden Ergebnis geführt. Dabei wird ein Verhandlungspunkt mit Althoff vielleicht die Einrichtung einer soziologischen Professur an einer preußischen Hochschule gewesen sein.

Nach seiner Beteiligung am Hamburger Hafenarbeiterstreik (1896/97) sah Tönnies seine weiteren Berufsaussichten in Preußen in keinem rosigen Licht mehr. Inzwischen hatten die Gründung einer eigenen Familie und vielleicht auch die unsicher oder ungünstig werdende Einkommenslage aus dem väterlichen Vermögen dazu geführt, ernsthaft ein geregeltes berufliches Einkommen zu erlangen. So erinnerte sich Tönnies seiner Bekanntschaft mit Lujo Brentano und dessen Hinweis, „daß sich in München eine Lehrtätigkeit" für ihn (Tönnies) „eröffnen könne"[1]. Die Vorstellung, neben dem alten Wilhelm Heinrich Riehl eine „moderne Gesellschaftswissenschaft" zu lehren, scheint Tönnies nicht unlieb gewesen zu sein, und so fragte er Januar 1898 bei Brentano an, ob die Münchener Fakultät einen „Dozenten für Soziologie" unterstützen werde, und ob dies „früher oder später auch amtlich gefördert" werde? Da Riehl inzwischen gestorben war, sei ja auch an die Neubesetzung von dessen Stelle zu denken. Und Tönnies fügt beschwörend hinzu: „Das alles hat für mich umso mehr Gewicht, da ich vor Entscheidungen stehe, die für mein ganzes Leben bedeutend sein müssen." Brentanos postwendende Antwort fiel nun aber nicht allzu hoffnungsvoll aus[2]: Er, Brentano, habe zwar gar keinen Einwand gegen Tönnies' Habilitation, und auch sein Kollege Lotz würde sich darüber freuen. Was aber die Aussichten über die Errichtung eines soziologischen Lehrstuhls in München betrifft, so seien die Bedingungen dafür nicht günstig, ja dies sei geradezu unwahrscheinlich.

---

[1] Dieses und die folgenden Zitate aus dem Brief von Tönnies an Brentano vom 24. 1. 1898, im Bestand des Bundesarchivs Koblenz.

[2] Brief von Brentano an Tönnies, 26. 1. 1898, im Tönnies-Nachlaß der Schleswig-Holsteinischen Landesbibliothek Kiel, unter Cb 54.56.

Nun muß aber noch ein anderer Faden eingeflochten werden, der bei der Entstehung des Manuskripts „Die Tatsache des Wollens" (TdW) eine Rolle gespielt haben dürfte. In jenen entscheidungsschweren Monaten, in denen sich Tönnies an Brentano wandte, hatte er sich an der Beantwortung einer Preisfrage beteiligt, die von der gelehrten englischen Lady Victoria Welby gestellt worden war und ein sprachphilosophisches Thema zum Gegenstand hatte. Oktober 1898 berichtete Tönnies seinem Freund Friedrich Paulsen zwar knapp, aber mit Genugtuung, daß er den Preis gewonnen habe[3].

So lagen die Dinge, als er, ermutigt durch jenen Erfolg, im Frühsommer 1899 an die Beantwortung einer zweiten Preisfrage ging, die der Dekan der Philosophischen Fakultät der Universität München ausgeschrieben hatte und deren Beantwortung anonym bis zum Oktober desselben Jahres einzureichen war. Es war der von dem katholischen Philosophen Jakob *Frohschammer* (1821 - 1893) gestiftete Preis, der laut testamentarischer Vollmacht jenes gegen seine Kirche so streitbaren und darum wohl auch Tönnies sympathischen Denkers durch die Münchener Universität durchzuführen und am 1. Januar 1900 zum ersten Mal zu vergeben war. Er war mit 1600,— Mark dotiert und sollte einer „hervorragenden philosophischen Arbeit zuerkannt werden".

Wann Tönnies zuerst auf die Ausschreibung stieß, ist unbekannt: die Fakultät hatte die Preisaufgabe im März 1897 in einer Zeitschrift (oder Zeitung) veröffentlicht. Die Aufgabenstellung wurde wie folgt umrissen:

(Gewünscht wird) „eine eingehende *psychologische Analyse der Tatsache des Wollens.* Der Bearbeiter des Themas kann sich seine Grenzen eng oder weniger eng stecken. Er kann mehr auf das Gemeinsame alles Wollens oder aller Willenstätigkeit sich beschränken oder in höherem Grade zugleich die mancherlei Möglichkeiten und Modifikationen des Wollens systematisch ins Einzelne verfolgen. Er kann ausschließlich bei der Frage verweilen, was das Wollen sei, oder zugleich in höherem Maße auf die Bedeutung eingehen, die das Wollen oder das Bewußtsein des Wollens auf den verschiedenen Gebieten des psychischen Lebens besitzt, auch denen, welche von den psychologischen Disziplinen der Logik oder Erkenntnislehre, der Ästhetik, der Ethik usw. behandelt werden. Er kann endlich auf die Kritik vorhandener Anschauungen sich einlassen, beziehungsweise von denselben ausgehen, oder geflissentlich auf solche Kritik verzichten. Die wissenschaftlich vollständige, bis zu den letzten auffindbaren Tatsachen und Gesetzen des psychischen Lebens zurückgehende Feststellung des allgemeinen Wesen des Wollens soll in jedem Falle den Kern der Arbeit ausmachen"[4].

---

[3] Die Preisschrift in englischer Sprache 1899/1900 gedruckt, erschien 1906 in deutscher Übersetzung unter dem Titel: Philosophische Terminologie in psychologisch-soziologischer Ansicht.

[4] Diese und andere einschlägige Universitätsakten wurden mir durch Herrn Bibliotheksdirektor Dr. Schott, UB München, dankenswerterweise zugänglich gemacht.

Wie die Universitätsakten ausweisen, trafen bis zum Stichtag 8 Bearbeitungen der Preisfrage ein, deren Absender ihren Namen mit z. T. blumigen Sätzen aus Philosophie und Dichtung verschlüsselt hatten. Tönnies hatte das Aristoteles-Wort gewählt, das sich in der vorliegenden Edition am Fuß des Eingangsblattes befindet.

Auf die Beurteilung von Tönnies' Arbeit durch die Juroren von der Münchener Philosophischen Fakultät (I. Sektion) soll weiter unten noch einmal eingegangen werden. Hier nur soviel, daß Tönnies den Preis nicht gewann. Der Gewinner war Alexander *Pfänder,* dessen Bearbeitung der Preisfrage unter dem Titel „Phänomenologie des Wollens" sofort nach der Preisverleihung von derselben Fakultät als Habilitationsschrift angenommen wurde und noch im selben Jahr (1900) in Buchform erschien.

Der Schlag wird für Tönnies schmerzlich gewesen sein; weniger, weil er, der nunmehr 45 Jahre alt war, einem Jüngeren unterlegen war, oder weil ihm die 1600 Mark entgangen waren, sondern aus einem Grund, der m. E. viel Wahrscheinlichkeit für sich hat. Durch die auferlegte Anonymität der Einsendungen war die Preiszuerkennung notwendig unparteiisch, was die Person des Bewerbers anbetraf. Und konnte man dem Gewinner, nach Lüftung des Inkognitos, hinterher auch immer noch seine „Personalien" vorwerfen, etwa er sei Marxist (was man bei Tönnies seit dem Hamburger Hafenstreik tat): so war dennoch durch jene Anonymität bei der Zuerkennung des Preises das unbeeinflußte Urteil der Richter sichergestellt und damit die erstrangige *wissenschaftliche* Qualifikation des Bewerbers durch die Hohe Fakultät selber dokumentiert. Da Tönnies im Falle der Preiszuerkennung sich zugleich mit dieser Arbeit in München hätte habilitieren lassen können, so wäre seine Stellung dort (Bayern) wohl kaum schlechter, eher besser gewesen denn als Privatdozent in Kiel (Preußen). Indessen, ob diese Erwägungen für Tönnies tatsächlich ein treibender Anlaß für die Abfassung der TdW waren, kann nur gemutmaßt werden[5].

---

[5] Dem Herausgeber fiel allgemein auf, daß über das Thema „Preisschriften" in Deutschland bislang nicht sehr tiefschürfend gearbeitet worden zu sein scheint, obwohl es sich dabei doch um eine klassische Form europäischer Wissenschaftspraxis handelt. Welche Funktion haben Preisschriften für den Wissenschaftsbetrieb? Sind sie Ventil einer zu Orthodoxie und Dogma tendierenden Wissenschaft? Sind sie Opposition oder Stachel gegen die etablierte Wissenschaft? Oder dienen sie zur Aushebung unentdeckter wissenschaftlicher Begabungen? — Trotz längeren Suchens war es mir nicht möglich, eine Bibliographie von Preisschriften für den deutschsprachigen Raum zu entdecken.

2. Zur Quellenlage

Der Tönnies-Nachlaß in der *Schleswig-Holsteinischen Landesbibliothek* in Kiel enthält eine Gruppe von Texten (11:04; 32:3.1 ff.; 41:40), aus denen die in München eingereichte Reinschrift erwuchs. Es sind zumeist Notizbücher oder kleinformatige Schulhefte mit Vorentwürfen, Gedankennotizen und dgl. Daraus entstand zunächst eine Urschrift, die Tönnies zum größten Teil von einer Cousine namens Lotte Luhmann (oder Lühmann) abschreiben ließ. Diese Reinschrift, die aus zwei Teilen besteht, reichte er in München ein, wobei er die Buchhandlung G. Fock in Leipzig als Zwischenträger einschaltete. Der Hauptteil der Reinschrift, in Großformat, ist die eigentliche Beantwortung der Preisfrage. Das Deckblatt enthält in Tönnies' Handschrift den Titel: „Die Tatsache des Wollens." Am Fuß das Motto (= Deckname) aus Aristoteles. Dazu der Vermerk: „Frohschammer-Preisaufgabe". Der zweite Teil der Reinschrift, aus drei kleinformatigen Schulheften bestehend, ist der *Exkurs* zum Haupttext und betrachtet „Das Wollen in der Sprache (insbesondere in der deutschen)".

Hinzuzufügen ist noch, daß der Hauptteil der Reinschrift nicht nur in der Handschrift der Cousine niedergeschrieben wurde, sondern die Niederschrift des letzten Drittels besorgte Tönnies selbst, einige wenige Seiten am Schluß seine Frau.

3. Editorische Prinzipien

Der vorliegenden Edition der TdW ist die Reinschrift (einschließlich „Exkurs") zugrundegelegt, und zwar mit den Korrekturen ihres Verfassers, die möglicherweise z. T. erst später eingearbeitet wurden. Inhaltlich unerheblich, beziehen sich diese Korrekturen zumeist auf die Zeichensetzung. Wo es nötig war, wurde die Reinschrift vom Herausgeber mit der Urschrift, bzw. mit den Entwürfen verglichen.

Sehr dankbar empfand es der Herausgeber, daß von der TdW (auch vom Exkurs) bereits eine maschinenschriftliche Abschrift von Eduard Georg Jacoby vorlag (1904 - 1978), einem der letzten Schüler von Ferdinand Tönnies. Dies erleichterte die Kollationierung der Texte ungemein. Die von Jacoby weggelassene §-Bezeichnung der einzelnen Abschnitte wurde aber beibehalten, aus dem einfachen Grund, weil Tönnies sie den einzelnen Abschnitten zugefügt hatte. Mag uns dies heute auch etwas altertümlich erscheinen, so muß doch bedacht werden, daß Tönnies dem 19. Jahrhundert entstammte, in dem man es liebte, gelehrte Dinge auch mit den Zeichen des Lehrhaften vorzutragen.

Die Manuskripte tragen die Orthographie der Jahrhundertwende und wurden der heutigen angeglichen. Personennamen wurden *kursiv* hervorgehoben, auch wo es im Manuskript nicht geschehen war. Ein Inhaltsverzeichnis zur TdW hat Tönnies allem Anschein nach nicht verfaßt — obwohl er wahrscheinlich dem Münchener Preisgericht damit einen großen Gefallen getan hätte. Da der Herausgeber es zur ersten Orientierung des Lesers für dringend notwendig hält, hat er ein solches zu erstellen versucht, in dem Bewußtsein, daß es nur ein Notbehelf sein kann und es jeglicher Authentizität entbehrt (das von Jacoby entworfene Inhaltsverzeichnis wurde beiseite gelassen).

Schließlich wurden — dem üblichen Gebrauch folgend — alle vom Herausgeber hinzugefügten Zusätze in [...] gesetzt.

4. Werkgeschichtliche Einordnung

Als der Herausgeber von der *Ferdinand-Tönnies-Gesellschaft* e. V. Kiel den Auftrag erhielt, ein unveröffentlichtes Manuskript aus dem Tönnies-Nachlaß zu edieren, zögerte er nicht lange, aus dem Komplex unveröffentlichter nachgelassener Arbeiten gerade die TdW auszuwählen. Weniger aus dem Grund, weil in der Sekundärliteratur schon vereinzelt auf sie hingewiesen wurde, als vielmehr, weil sie eine Schrift darstellt, die in Tönnies' umfangreichen Schaffen eine besondere Stelle einzunehmen scheint. Was bei Tönnies häufig der Fall ist, daß seine Arbeiten Paraphrasen oder gar Wiederholungen anderer Arbeiten darstellen, ist hier nicht der Fall. Eher stellt die TdW Fortsetzung früherer, Vorarbeit späterer Arbeiten dar — was freilich bei dem seit „Gemeinschaft und Gesellschaft" irgendwie vollendeten Tönnies nicht ohne Wiederholung sattsam bekannter Gedanken abgehen kann. Aber „Gemeinschaft und Gesellschaft" war andererseits unvollendet — Tönnies wußte das —, er hatte bei seinem ersten Marsch durch seine terra incognita vieles nur streifen, anderes nur andeuten können. Manches blieb dunkel, vieles bedurfte späterer Entfaltung.

Schon dieser Umstand, Fortsetzung früherer, Vorstufe späterer Arbeiten zu sein, kann eine Publikation der TdW rechtfertigen: es klafft sonst eine Lücke, fehlt ein Bindeglied. Darüber hinaus aber scheint m. E. die TdW die einzige Schrift von Tönnies zu sein, in der er sich ganz *generell, theoretisch* und erschöpfend mit *dem* Willen an sich selbst zu beschäftigen sucht —: während hingegen in seinem sonstigen Schriftum (auch „Gemeinschaft und Gesellschaft") diese theoretische Betrachtung relativ kurz bleibt und er alsbald auf die konkreten Gestaltungen des Willens (wie Wesenswille und Kürwille, Gefallen, Absicht usw.) übergeht. Dies geschieht auch in der TdW, aber primär leitend bleibt doch bis zum Schluß (auch durch den Exkurs hindurch) die Frage, was Wille ganz allgemein sei. Dies war die Frage des Preisgerichts, und daß Tönnies sich daran zu halten gedachte, sagte er in der TdW (§ 50) selber,

als er sich in der Versuchung sah, auf das „soziale Wollen" auszuwei-
chen, „dessen Betrachtung jenseits dieses Themas (der TdW) liegt". Die
Beantwortung der Preisfrage sah Tönnies in dem rein *psychologischen*
Feld des „einfachsten" und „singulären individuellen Wollens".

4.1 Diachrone werkgeschichtliche Einordnung

Insofern knüpfte Tönnies mit der TdW an das 2. Buch von „Gemeinschaft und Gesellschaft" an („Wesenwille und Kürwille"), an dessen
Ende er ausdrücklich sagt: „Weil das Thema dieses (2.) Buches von der
individualen Psychologie ausgeht ..."[6]. Er sagt: „ausgeht". Und in der
Tat kommt er dort ja auch alsbald auf konkrete Ausgestaltungen des
„individualen" Willens, wie sie Bedingungen sozialer Bindungen sind.
Die TdW verlängert — so könnte man sagen — die Willensfrage hinter
jenen Ausgangspunkt in die Psyche des reinen Individuums zurück.
Es ist eine *Konzentrierung* auf die subjektiven Momente des Seelenlebens, die — vermischt oder in schwächerer Dosierung — zumeist auch
in „Gemeinschaft und Gesellschaft" schon anzutreffen sind.

Lag „Gemeinschaft und Gesellschaft" 12 Jahre vor der Abfassung der
TdW, so bieten zwei Schriften aus der Spätzeit gleichfalls Anknüp-
fungspunkte zur werkgeschichtlichen Einordnung der vorliegenden
Schrift. Es handelt sich einmal um die „Kritik der öffentlichen Meinung" (1922), zum anderen um den Aufsatz „Zweck und Mittel im
sozialen Leben" (1923)[7]. Hierzu eine Zwischenbemerkung. Als Tönnies
Anfang der 20er Jahre seine Autobiographie schrieb[8], wird er — schon
um genaue Daten zu geben — wohl seine diesbezüglichen Schränke
und Schubladen einer sorgfältigen Untersuchung unterzogen haben.
Vielleicht geht die Vermutung nicht fehl, daß ihm dabei das inzwischen
über 20 Jahre alte Manuskript der TdW wieder in die Hände fiel und er
darin zu lesen begann. Denn in der Autobiographie (S. 25) kommt er
darauf zu sprechen und bemerkt: „Jedoch ließ ich mich zweimal wieder
durch Preisfragen ablenken. Die eine (Frohschammer-Stiftung) betraf
den ‚Willen' — das Manuskript ruht noch heute ..." Möglicherweise
fielen ihm bei der (hypothetischen) Lektüre des Manuskripts Gedankengruppen darin auf, denen nachzugehen sich erneut lohnte. Diesen Ein-

---

[6] Benutzt wird hier und im folgenden der Abdruck von „Gemeinschaft und
Gesellschaft" durch die Wissenschaftliche Buchgesellschaft, Darmstadt 1970. —
Zitat S. 168.

[7] F. Tönnies, Kritik der öffentlichen Meinung, Berlin 1922 (Neudruck ange-
kündigt bei Scientia, Aalen 1981); F. Tönnies, Zweck und Mittel im sozialen
Leben. Erinnerungsgabe für Max Weber. I. Bd. III, Nr. 8, München/Leipzig
1925. Leichter zugänglich in: Tönnies, Soziolog. Studien und Kritiken, III,
Jena 1929.

[8] Ders.: Die Philosophie der Gegenwart in Selbstdarstellungen. 2. Aufl.,
Leipzig 1923.

druck wird man jedenfalls beim Lesen von „Zweck und Mittel im sozialen Leben" und dem Anfang der „Kritik der öffentlichen Meinung" nicht ganz los. Denn die Zweck-Mittel-Problematik ist ein Hauptanliegen der TdW (insbesondere §§ 27 - 41), — nur daß Tönnies sie hier nicht im sozialen, sondern im subjektiv-individuellen Erleben untersucht. Insofern wäre dann die TdW als Vorstufe zum (übrigens auch heute noch sehr lesenswerten) Aufsatz „Zweck und Mittel im sozialen Leben" anzusehen. Hinsichtlich ihres Aussagewertes aber dürften beide Schriften als Korrelate zusammengehören, sind Ergänzungen, wie eben Subjekt und Objekt zusammengehören. Beim Anfangsteil der „Kritik der öffentlichen Meinung" verraten die Gedankengruppen Wissen — Meinen — Wollen — Glauben die Nähe insbesondere zu den §§ 7, 8, 44 der TdW.

4.2 Synchrone werkgeschichtliche Einordnung

Im unmittelbaren zeitlichen Umfeld der TdW liegt 1899 der kleine Aufsatz „Zur Einleitung in die Soziologie"[9]. Wie tief Tönnies in diesem Jahr, wie wohl stets, von der psychologischen Fundamentierung alles Sozialen durchdrungen war, drückt sich hier so aus (S. 241): „Die soziale Einigkeit der Menschen kann nur psychologisch verstanden werden." Auch der Fundamentcharakter des Willens wird deutlich ausgesprochen.

Kurz davor lag die schon erwähnte Welby-Preisschrift „Philosophische Terminologie". Mit ihr ist deutlich insbesondere der Exkurs der Frohschammer-Schrift verwandt. Die dort als Terminologie-Problem vorgetragenen sprachphilosophischen Ansichten von Tönnies (prinzipiell nominalistischer Standpunkt!) kehren hier im Exkurs als praktische Anwendung auf ein konkretes Wortfeld wieder, eben auf das Wortfeld „wollen". Es ist eine sauber und sicher geschriebene linguistische Studie, die den heutigen Germanisten in Verwunderung, vielleicht auch in Bewunderung setzen wird. Bewundern, verwundern wird sich auf jeden Fall der heutige Soziologe, der, so wenig er auch von jener Gründergestalt der deutschen Soziologie zu wissen pflegt, dies am wenigsten gewärtigen würde, daß Tönnies ein Philologe von Niveau war.

Dies überhaupt der vermutlich erste Eindruck bei der Lektüre der TdW: Man ahnt schnell, daß Tönnies sich zu seiner Zeit, hätte er sich *nicht* der Soziologie verschrieben, ebensogut in den Reihen der damaligen Psychologen wie Wilhelm Wundt, Theodor Ziehen, Theodor Lipps oder Richard Avenarius einen Namen gemacht haben würde. Daß er

---

[9] In: Ztschr. für Philosophie und philosophische Kritik, 115 Bd., S. 240 - 251.

auch als Germanist oder Altphilologe seinen Mann gestanden hätte, wird dem Leser der TdW kaum verborgen bleiben. Wenn er sich stattdessen dem Wechselbalg „Soziologie" zuwandte (denn als ein solcher Bastard erschien der arrivierten akdemischen Welt Deutschlands damals doch jene gerade ins Licht getretene Wissenschaft): so sollte er dafür am wenigsten von der heutigen deutschen Sozialwissenschaft vergessen werden.

5. Stil, Darstellungsform und Vorgehensweise der TdW

Die TdW muß m. E. zu den am schwersten lesbaren Schriften von Tönnies gerechnet werden. Man wird es dem Münchener Preisgericht kaum verdenken können, daß es die Arbeit zurückwies und der von Pfänder eingereichten den Vorzug gab: man kann mit der TdW eben irgendwie nicht zu Rande, — was sich durch die ganz verfehlte Beurteilung ausdrückte, die zu den Akten ging und die Ablehnung begründete. Die Juroren fanden, der Bewerber „liefert eine Nachprüfung der Sigwartschen Schrift über das Wollen, aber über Sigwart geht sie nicht hinaus und doch war gerade ein Hinausgehen über Sigwart zur Aufgabe gestellt. Die erfahrungsgemäße Aufzeichnung der letzten Elemente der Begriffe, die bezüglich des Wollens sich unterscheiden lassen, unterbleibt, oder ist ungenügend. Auch die gegen Sigwart erhobenen Einwendungen treffen nicht durchaus zu. Wenn im übrigen auch manche richtige Bemerkung vorkommt, so bietet die Arbeit doch keine Lösung der gestellten Aufgabe".

In der Tat war Tönnies von einem kleinen Aufsatz des Tübinger Logikers und Psychologen Christoph Sigwart (1830 - 1904) ausgegangen, was in der (oben zitierten) Preisaufgabe ja ausdrücklich freigestellt war. Er hatte sich sogar an den vorgeschriebenen Titel „Tatsache des Wollens" gehalten, — was Pfänder offensichtlich nicht getan hatte („Phänomenologie des Wollens"). Wenn aber in der Beurteilung behauptet wird, Tönnies sei über Sigwart nicht hinausgegangen, und er habe versäumt, die letzten Elemente des Wollens zu unterscheiden, so wird man diese unzutreffende Behauptung der Preisrichter wohl nur auf ein mangelhaftes Verständnis bei der Lektüre der Schrift zurückführen können.

Aber Tönnies hatte seinerseits dieser Fehlbeurteilung durch einen Darstellungsstil Vorschub geleistet, der kein rasches Eindringen in den Text erlaubt. Gerade im Vergleich mit der Schrift von Alexander Pfänder wird dies deutlich, der die gestellte Aufgabe geradezu mit militärischer Überlegung anpackt, von vornherein feste Punkte und Marken anvisiert und diese dann mit sicheren Zügen einnimmt. Tönnies hingegen gab keine Gliederung, lieferte nicht einmal ein Inhaltsverzeichnis und arbeitete sich stattdessen, unter Verwendung eines z. T. schweren

Satzbaus, an einem roten Faden entlang, den wohl nur er selbst sah. Nichtsdestoweniger brachte das gründlich abgesicherte Vorgehen Pfänder die Rüge des Preisgerichts ein, seine „Arbeit (sei) ganz und gar nicht geistreich". Daß er dennoch den Preis erhielt, lag wohl wesentlich daran, daß er sich bei der Beantwortung der Aufgabe in eine Denkhaltung hineinkniete, für die die Zeit um 1900 reif war: nämlich die phänomenologische. Denn dies heben die Preisrichter in Pfänders Beurteilung sofort lobend hervor, er habe sich dadurch streng an die Forderungen des Themas gehalten, daß er „einzig und allein" gefragt habe: „Was finden wir in uns vor, wenn wir das Bewußtsein haben, zu wollen."

Für den Mangel an Transparenz in der Darstellungsform der TdW mag es mehrere Gründe geben. Der eine liegt wohl in dem Wesen einer Preisfrage als solcher: Sie wird einem gestellt, ist nicht die eigene Frage, das eigene Thema; auch die Antwort, die Lösung ist nicht die eigene allein, sondern die, die erwartet wird und die jeder geben kann, der „richtig" antwortet. Um dann dergestalt richtig zu antworten, gerät der Bewerber in die Gefahr, daß er sich in dieser oder jener Weise übernimmt, z. B., daß er in seine Arbeit zuviel hineindrängt und sie überlädt. Einen solchen etwas überladenen Eindruck macht die TdW allerdings.

Einen anderen Grund für den Mangel an Transparenz in der TdW mag man in der Sphäre sehen, in der Tönnies die Lösung der Willensfrage ansiedelte: nämlich in dem Feld der Empfindungen, Gefühle und Triebe. Daß dieser Bereich der begrifflichen Objektivierung und damit der deutlichen Fixierung starke Hindernisse in den Weg legt (und dadurch vom Künstler viel besser zur Anschauung gebracht werden kann als vom Wissenschaftler), liegt an diesen „unmittelbaren" Objekten selbst und nicht an der mangelhaften Darstellungsgabe eines Forschers. Wie soll man denn die ab § 15 so häufig auftauchenden „Kraftgefühle" noch mehr objektivieren, außer man vergegenwärtigt sie sich im eigenen Erleben?

Dennoch wird man sagen müssen, daß in der TdW Mängel auftreten, die in der Darstellung als solcher liegen und vielleicht vermeidbar gewesen wären. Dies trifft m. E. besonders auf den Begriff des „Kürens" und „Küraktes" zu, der mir eigentlich nicht recht klar werden will und dessen Klärung hinsichtlich der Tönniesschen „Gemeinschaft und Gesellschaft" so wichtig ist. Denn bekanntlich ersetzte Tönnies später in der 3. Auflage seines Hauptwerks den Ausdruck „Willkür" durch „Kürwille", um dadurch eine prägnante Bezeichnung für jene rationale Willensform zu gewinnen, die in der TdW als „rationales Wollen" oder „Typus B" ausgeführt wird. Dennoch kann ich nicht sehen, daß in der TdW das „Küren" dem Typus B besonders zugeordnet wird.

2*

Übrigens gilt m. E., was von der nicht leichten Les- und Verstehbar-
keit der TdW gesagt wurde, nicht auch vom *Exkurs*. Es scheint sogar
empfehlenswert, diesen als elementare Einführung in den Gedanken-
kreis der TdW zuerst und vor dieser zu lesen. (Von diesem propädeuti-
schen Gesichtspunkt abgesehen, arbeitet der Exkurs mit einer lingui-
stisch ganz modernen Methode: Wort-, Satz-, Textsemantik.)

6. Bemerkungen zum Inhalt der Schrift

Wenn man die TdW aus heutiger Sicht liest, fallen einem darin wissenschaftliche Einstellungen und Fragen auf, die teils den wissenschaftshistorischen Strömungen der Zeit entstammen, teils künftige vorweg-
nehmen.

Da ist zunächst der starke *psychologistische* Einschlag von Tönnies'
Denken zu nennen. Wie sehr er in der Zeit lag, springt schon aus der
Formulierung der Münchener Preisfrage in die Augen: denn dort wird
von „den psychologischen (!) Disziplinen der Logik oder Erkenntnislehre, der Ästhetik, der Ethik" gesprochen. Daß Tönnies die gesamte
Soziologie psychologisch begründen wollte, wurde schon oben angeführt
und fällt in der TdW immer dann auf, wenn Tönnies von den individuellen Willensphänomenen auf soziale Erscheinungen ausweichen möchte,
sich dies aber dann im Sinn der gestellten Preisaufgabe untersagt.

Die deutsche Wissenschaft war am Ende des 19. Jahrhunderts mit
Macht in die psychologische Richtung gedrängt. Vielen erschien die
Psychologie als der einheitliche wissenschaftliche Boden, auf dem der
Gegensatz von Geistigem auf der einen, Körperlichem und Physischem
auf der anderen Seite zu beheben war und Fragen der physischen Natur
mit denen des Geisteslebens verbindbar wurden. Nicht auf spekulative
Weise wie in der Philosophie schien in der Psychologie die Lösung dieser Probleme möglich, sondern auf empirische Weise, seitdem man
unternommen hatte, auf zum Teil experimentellem Weg Körperliches
und Physisches auf Empfinden und Erleben zurückzuführen oder doch
wenigstens zurückzubeziehen und gesetzmäßige Verhältnisse und Verbindungen zwischen beidem nachweisbar wurden. So finden sich denn
auch in der TdW die psychologietheoretischen Positionen und Grund-
fragen der Zeit wieder: Assoziation, Apperzeption, psychophysischer
Parallelismus u. a. m.

Über diese psychologische Einbettung hinaus zeigt die TdW m. E.
starke Einschläge von Vitalismus und Lebensphilosophie. Dies besonders ab § 15, wo von den „Kraftgefühlen", der „Lebenskraft", dem
„Ganzen des Empfindungs- und Gefühlslebens" gehandelt wird. Auch
ist Tönnies stark dem „energetischen" Denken der zeitgenössischen Na-
turwissenschaft verbunden. Dennoch hätte (und hat) er sich nicht die

herbe und berechtigte Kritik eingehandelt, die Max *Weber* an den „energetischen Kulturtheorien" übte[10] und die sich namentlich gegen Wilhelm *Ostwald*, und die im Umkreis des Institut Solvay (Brüssel) angesiedelten Forscher richtete. Der Grund ist einfach: Tönnies hat stets (in der TdW wird es besonders deutlich) die Kraftausübung menschlicher Tätigkeit in eine Beziehung zum Willen gesetzt, wodurch sich ein Motivationszusammenhang aufbaut. Nicht um die Tätigkeit als solche geht es, sondern *was* durch sie als Mittel hervorgerufen und somit gewünscht werden kann.

Eine erst später auftauchende geistige Strömung nimmt Tönnies in manchen Passagen der TdW vorweg: Phänomenologie und Intentionalität des Bewußtseins. Man lese daraufhin etwa den § 8, oder die feine Studie über das „Erinnern" in § 53. Ein anderes Beispiel von Antizipation kommender Wissenschaft mag in § 41 und dem Ende des § 47 gesehen werden. Rudolf *Heberle* hat in seinen dem Herausgeber dankenswerterweise zur Verfügung gestellten Notizen der eigenen Lektüre der TdW die Vermutung geäußert, ob in den genannten §§ nicht der modernen soziologischen Rollentheorie vorgearbeitet wurde[11]?

Nach diesen eher wissenschaftshistorischen Beobachtungen zur TdW nun noch einige andere, die das Tönniessche Denken selber sowohl in dieser Schrift wie allgemein betreffen. Bezüglich des Untersuchungsobjekts *Wille* fällt auf, daß Tönnies diesen rückhaltlos aus der Lust und den Trieben ableitet. Tönnies behauptet nicht, daß der Wille selber Trieb sei, — aber er leitet ihn ganz und gar aus diesem ab.

Diese Rückführung des Willens auf die Triebe und Neigungen, die ja nicht die einzige Möglichkeit der Begründung des Willens darstellt, wird von Tönnies mit einer Offenheit und Unzweideutigkeit betrieben, die nichts zu wünschen übrig läßt und einem bisweilen den Atem verschlägt. An der entgegengesetzten Ableitung des Willens, wie sie etwa die *Kant*sche Ethik geleistet hat, werden aber — am Kontrast des so ganz anderen Weltbildes — die Konsequenzen davon deutlich, wenn der menschliche Wille als primär auf die Gewinnung von Lust gerichtet angesehen wird: er wird so nämlich gänzlich in die Immanenz der empirischen Realität eingeschlossen und ein Reich echter Willensfrei-

---

[10] Max Weber: „Energetische" Kulturtheorien, 1909, in: Gesamm. Aufs. zur Wissenschaftstheorie, 4. Aufl., S. 400 - 426. Eine implizite Kritik auch an Tönnies liegt gleichwohl in Webers Aufsatz, und zwar wenn er sagt (S. 413): „Denn daß die reine ‚Theorie' unserer Disziplin (sc. der Kulturwissenschaft) auch nicht das Mindeste mit ‚Psychologie' zu tun hat, weiß jeder an modernen Methoden geschulte Theoretiker (richtiger: sollte es wissen)." Aber auch Tönnies scheint für Max Weber tabu gewesen zu sein.

[11] Übrigens hat sich Tönnies später, in einer unveröffentlichten Rezension (Cb 54.36 des Tönnies-Nachlasses), sehr wohlwollend über Josef Piepers „Soziale Spielregeln" geäußert.

heit, welches von den Gesetzen der natürlichen Realität nicht bedingt und ihnen somit transzendent ist, verschwindet. Ob ein solches Reich der Freiheit für den Menschen existiert, ist gar nicht mehr die Frage, wenn der Wille ungebrochen die Lust sucht, und die Lust in der Befriedigung der Bedürfnisse besteht, die das Subjekt hat und die allein sein Wesen ausmachen sollen. Man hängt von den Objekten ab, die das Bedürfnis stillen. Man hängt ab, das heißt: um die Freiheit, die Nicht-Bedingtheit des Willens ist es geschehen, seine Abhängigkeit von den bedürfnisstillenden Objekten besiegelt, — heißen diese Bedürfnisse nun Hunger, Ehrsucht oder sonstwie. So war es konsequent von jenen Denkern wie *Hobbes* oder *Schopenhauer*, die in dem Menschen (gleichwie in dem Tier) im wesentlichen die Bedürfnisgebundenheit sahen, nun auch seine Willensfreiheit zu leugnen und die Triebe, Gefühle und Neigungen zum tragenden Fundament einer Welt zu machen. Auch Tönnies verfährt so, und wenn er (§ 49) auf die Grundlage aller Triebe, auf den Zustand des *gêrens* zu sprechen kommt, hat er ganz recht, mit einem langen Blick auf Schopenhauers *Willen* zu verweilen. Daß Schopenhauer sich die Transzendenz rettete, hing im übrigen allein davon ab, ob die Möglichkeit besteht, daß das Bedürfnis (der „Wille") sich selbst verneint. Da diese Möglichkeit besteht, ist der Wille bei Schopenhauer nicht von dieser Welt allein (die er gleichwohl schafft, weil er eben doch „etwas" braucht), — ist nicht nur psychologisches Faktum, sondern (mit Schopenhauers eigenen Worten): „Ding an sich". Bejaht (nach Schopenhauer) der Wille (das Bedürfnis) sich und *will* er also, so braucht und bedarf er etwas, ist daher unfrei. Verneint er sich hingegen, so hört er auf zu existieren, — hört auf zu wollen: folglich gibt es keine Willensfreiheit, weil der Wille, *wenn* er will, auch *etwas* will (d. h. braucht).

Wird dagegen, wie *Kant* tat, der Wille gar nicht aus dem Bedürfnis geboren, so bekommen Lust und Neigung jenen heiklen und verdächtigen Charakter, der aus Kants Pflichtethik so gut bekannt ist. Die Freiheit des Willens ist auf die Lust nicht eben gut zu sprechen, und Tönnies, als Verfechter des Eudämonismus, läßt es sich denn auch in § 46 nicht entgehen, einen schweren Seitenhieb auf Kant zu führen. Worauf aber gründet sich jene andere, die Willensfreiheit setzende Ableitung des Willens? Nun, sie behauptet, daß der Mensch (und auf der Welt der Mensch allein) jene rätselhafte, ja göttlich zu nennende Gabe hat, sich auf etwas zu beziehen, ohne von ihm abhängig zu sein und ohne es dadurch von sich abhängig zu machen. Eine solche Willensbeziehung möchte ich im eigentlichen Sinn eine Wertbeziehung nennen, weil sie ohne Zwang geschieht und eben *doch* geschieht; weil etwas geschieht, nicht weil man es tun muß, sondern weil man es tun will — auch wenn das Tun in einem Unterlassen besteht. Was das Handeln — bei dieser Auffassung von Willensbeziehung — wertvoll macht, ist nicht die Materie oder Beschaffenheit dessen, auf das man sich bezieht, sondern daß man sich darauf beziehen kann, ohne dadurch schon abhängig zu werden und die Freiheit zu verlieren: daß man handelte, nicht weil man es mußte, sondern weil man es wollte. Wert ist hier nicht die Qualität eines Objekts, die uns nützt, weil sie unser Bedürfnis stillt, sondern ist das unabhängige und ungezwungene Verhalten auch zu dem, was uns nützt. In der Freiheit des Tuns liegt der Wert, und er adelt all das mit, an dem dies freie Tun sich bewährte. Damit soll nicht geleugnet werden, daß wir Menschen — gleich den Tieren — Bedürfnisse haben: aber als Menschen stillen und befriedigen wir sie nicht gleich den Tieren. Denn wenn wir etwas tun, das uns anzieht, weil es unser Bedürfnis stillt, und das uns bedingt, *wenn* wir es tun —: so tun wir doch, was wir auch lassen können: sofern wir Willensfreiheit haben. Dadurch wird nicht das, was uns anzieht und uns Lust verschafft, selber zu einem Wert, wohl aber unser Tun, sofern es auch lassen kann, was es tut und also nicht tun *muß*, was es jetzt tut. Handelten wir jedoch gezwungen und *müßten* wir unser Bedürfnis stillen, so handelten wir nicht mit Willen, sondern aus Sucht.

Indessen, wir haben ein allerschwerstes Gebiet betreten, das im Rahmen dieser kurzen Einleitung nicht weiter zu erörtern ist. Es mußte jedoch darauf aufmerksam gemacht werden, daß unter denselben Ausdrücken (Wille und Wert) Verschiedenes verstanden wird, wenn so verschiedene Ableitungen des Willens möglich sind, wie etwa die von Tönnies oder Kant. Der Begriff des Wertes, der in der TdW häufiger vorkommt (und auch in anderen Schriften von Tönnies, wie z. B. der „Einführung in die Soziologie", 1931, ausführlich behandelt wird), meint eben zuletzt doch nur diejenigen Qualitäten, durch die Bedürfnisse gestillt werden: was sich also ganz im Umkreis von Lust und Glück hält. Man sehe dagegen diejenige Willensauffassung, die von *Kant* vertreten wird, und die — wie ich fest überzeugt bin — sich bie *Max Weber* wiederfindet. Wie anders ist auf einmal alles durchfärbt, und wie klingen doch die Ausdrücke und Namen so ähnlich. Aber in Wahrheit sind es verschiedene Welten, von denen hier oder dort die Rede ist. So behaupte ich, daß für Max Weber die Willensfreiheit zur anthropologischen Konstitution des Menschen gehört: Was aber bedeutet dann der „subjektiv gemeinte Sinn des Handelns"? Es bedeutet, daß der Mensch nicht schlechterdings so handeln muß, wie er handelt. Und was bedeutet der Wille bei Tönnies? Er bedeutet, daß der Mensch so handelt, wie er handelt, weil er ein Bedürfnis hat, das er auf diese Weise stillt. Man sehe einmal, was Wort und Begriff der Lust und des Glücks im Werk Max Webers für eine Rolle spielen (allenfalls eine problematische), und vergleiche damit die TdW. Mit dieser grundverschiedenen Einstellung zu Lust und Glück hängt auch die unterschiedliche Deutung des Menschen

der Industriegesellschaft zusammen, die Tönnies und Max Weber geben:
in der TdW wird eine der Weberschen Kapitalismustheorie analoge Auffassung geliefert, auf die am Schluß der Einleitung noch einmal eingegangen werden soll. —

Im folgenden soll ein Gedanke ausgeführt werden, der für das Tönniessche Denken im allgemeinen und für die inhaltliche Erschließung
der TdW im besonderen von tragender Bedeutung ist. Es handelt sich
dabei um einen Einfluß, den Tönnies bei seiner frühen Lektüre der
Philosophie Arthur Schopenhauers empfing und der seine Anthropologie
zutiefst prägte. Zu diesem Zweck ist es nötig, auf die Theorie Schopenhauers einzugehen — was in dieser kurzen Einleitung leider nur in
einem ganz eng begrenzten Zuschnitt geschehen kann und daher ständig
das unbequeme Bewußtsein hervorruft, daß eigentlich die Lehre dieses
überwältigenden Denkers geschlossen in ihrem wuchtigen Zusammenhang vorzutragen wäre.

Arthur Schopenhauer hat gelehrt, daß der Wille, in seinem Drang
zu sein und zu leben, die verschiedensten Stufen oder Arten durchläuft,
um in Erscheinung zu treten, wobei die elementarste Art die des unbe-
lebten, anorganischen Daseins darstellt. Doch drängt er alsbald in die
belebten Formen weiter und tritt als Pflanze und Vegetation hervor,
deren wesentliches Kennzeichen ist, im organischen Sinn zu leben, aber
kein Bewußtsein, kein Erkennen zu haben. Dies geschieht erst, wenn der
Wille als Tier und Mensch in Erscheinung tritt, welche leben *und* Bewußtsein haben. Erst durch dieses Bewußtsein und Erkennen entsteht
für jene Wesen, die ein solches besitzen (also Tiere und Menschen), die
Spaltung von Subjekt und Objekt: Das erkennende Lebewesen ist stets
Subjekt, und was je für es da ist, ist Objekt, d. h., ist etwas Wahrge-
nommenes, Empfundenes, Vorgestelltes, das durch den Erkenntnis-
apparat des Subjekts hindurchgegangen sein muß, um für es da zu sein.
Infolgedessen besteht das Objekt immer in dem, was das Bewußtsein
und Erkennen des Subjekts aus seiner Affizierung macht.

Nun ist — in bezug auf Tönnies — das folgende an Schopenhauers
Lehre grundwichtig, daß nämlich das Lebewesen Mensch sich vom Tier
allein dadurch unterscheidet, daß er — zusätzlich zu der Bewußtseins-
art, die das Tier hat — noch eine weitere und davon verschiedene Erkenntnisart hat, und er also nicht nur diese vom Tier verschiedene Erkenntnisart besitzt, sondern auch die des Tieres, also, wenn man will,
im Gegensatz zum Tier über zwei Erkenntnisweisen verfügt. Am aller-
wichtigsten für unseren Zusammenhang aber ist es, daß der Wille, in
seinem Drang zu immer höheren Seinsarten — und das bedeutet mit
Erreichung des Tiers: zu immer höheren Bewußtseinsarten — einen
inneren *Schub* hat, der vom Tier zum Menschen, und *im Menschen* von

der mit dem Tier gemeinsamen Erkenntnisart zu der *nur* ihm (dem Menschen) möglichen Erkenntnisart drängt. Der Mensch ist also — nach Schopenhauer — die Doppelheit zweier verschiedener Bewußtseins- oder Erkenntnisarten, und zwischen beiden liegt ein Schub, der von der Anwendung der einen zur Bevorzugung der anderen drängt. Diese anthropologischen Bestimmungen von Schopenhauer waren von tiefstem Einfluß auf Tönnies.

Die Frage aber ist nun: Welches sind die beiden Erkenntnisarten, von denen die eine Mensch und Tier gemeinsam, die andere nur dem Menschen eigen ist? Nun, die eine dem Menschen und Tier gemeinsame ist die sinnliche Anschauung, die empirische Wahrnehmung, Erfahrung und Empfindung. Über diese verfügen Tier und Mensch gemeinsam. Die andere, die nur dem Menschen eigen ist, ist die Fähigkeit, aus der ursprünglichen empirischen Erfahrung eine andere, neue Erkenntnisart zu entwickeln, indem man die sinnlich erfahrende Anschauung im wahrsten Sinn des Wortes auflöst (ἀναλύειν). Das Resultat dieser Auflösung ist die neue Erkenntnisart, deren Objekt nicht mehr der empirische Gegenstand ist, sondern der *Begriff*. Diese Erkenntnisart heißt *Abstraktion*, und ihr Objekt, der Abstraktionsbegriff, ist etwas nur Gedachtes. Der Abstraktion ist nur der Mensch fähig, doch ist sie allein aufgrund vorausgehender anschaulicher Erfahrung möglich, da sie diese ja auflöst: insofern ist also die Abstraktion sekundär, abgezogen, eben abstrakt. Durch die Fähigkeit abstrakter Erkenntnis gelangt der Mensch — wie Schopenhauer lehrte — zu einer Leistung, die das Tier nimmermehr vermag. Er ist des „absichtlichen, planmäßigen, methodischen Verfahrens bei jedem Vorhaben, daher des Zusammenwirkens vieler zu einem Zweck, mithin der Ordnung, des Gesetzes, des Staats... der Wissenschaften" fähig[12].

Es ist klar, daß diese anthropologische Bestimmung des Menschen durch Schopenhauer mit der Feststellung eines Schubs von der anschaulich konkreten Erkenntnis der empirischen Natur zur abstrakten der Begriffe dem Tönniesschen Theorem einer Entwicklung von Gemeinschaft zur Gesellschaft zugrundeliegt[13]. Der Kenner des Tönniesschen Werkes jedoch könnte einwenden, Tönnies sei sehr dem Denken des Thomas Hobbes verpflichtet gewesen, und auch bei diesem gäbe es den Unterschied anschaulicher und abstrakter Erkenntnisse — was beides stimmt.

---

[12] Arthur Schopenhauer, Über die vierfache Wurzel des Satzes vom zureichenden Grund, 1813, 2. Aufl. 1847, § 27. — Ausführliche Darstellung dieser Abstraktionsleistung in anderen Schriften Schopenhauers, z. B. in: Über die Freiheit des Willens, 1839, III. Abschn.; Welt als Wille und Vorstellung, 1. Buch § 8 f., und die späteren Zusätze (Welt als Wille und Vorst. II).

[13] Der Hrsg. hat anderwärts nachgewiesen (in: Ankunft bei Tönnies, hrsg. von F. U. Pappi und L. Clausen, Kiel 1981), daß die Aufnahme Schopenhauers durch Tönnies genaugenommen über Nietzsche zustandekam.

Dem muß aber entgegengehalten werden, daß 1. Tönnies Schopenhauer *vor* Hobbes gelesen hat, und zwar mit Leidenschaft, 2. daß man (was nicht sehr bekannt ist) Hobbes durch Schopenhauer hindurch lesen kann und daß der erstere dadurch deutlich gewinnt, indem manches, was bei Hobbes m. E. nur unklar und mißverständlich gedacht wurde, durch Schopenhauer eine Klärung, Vertiefung und Korrektur erfuhr. Dies betrifft besonders das Verhältnis der beiden in Frage stehenden Erkenntnisarten zueinander, das durch Schopenhauers Logik (das eigentliche Thema seiner Dissertation „Vierfache Wurzel des Satzes usw.") in das hellste Licht gerückt wird, wie überhaupt bei ihm das Wesen der Abstraktion mit größter Schärfe erfaßt wird, während man hingegen bei Hobbes seine Zweifel haben kann, ob ihm das Wesen der Abstraktion, die einen zwar armseligen, aber doch eigenartigen Gegenstand und damit einen eigenen Objektbereich, eine eigene Sphäre schafft, wirklich aufgegangen ist: jedenfalls zählt auch Schopenhauer den Hobbes, mit dessen Werk er sehr gut vertraut war, nicht zu den besten Kennern der Abstraktionslogik. Schließlich muß 3. eingewandt werden, daß es für jenen eigenartigen Schub oder Drang von der sinnlichen Welt zur abstrakten Begriffswelt bei Hobbes keinen Anhaltspunkt geben dürfte — außer man nimmt die Aufforderung zum Vertrag und zur Staatsbildung dafür. Allein, die ist kein „naturnotwendiger" Vorgang, sondern eine Vernunftleistung, welche als solche (für Hobbes) beklatschenswert ist, während hingegen bei Tönnies Gesellschaft, Staat und Abstraktion den Charakter eines Unvermeidbaren, und dazu den eines Verhängnisses hat[14].

Es mögen noch einige Hinweise zum Unterschied der beiden Vorstellungsarten (empirische Anschauung/Abstraktion) gestattet sein: denn wiewohl wir Menschen tatsächlich sehr stark in abstracto leben, ist uns doch keineswegs mit Selbstverständlichkeit klar, was Abstraktion ist — ja man kann behaupten, je mehr ein Mensch in der abstrakten Welt lebt, um so weniger weiß er noch, was Abstraktion ist; denn um so mehr fehlt das Gegenteil (die anschauliche Wahrnehmung) und damit der „Kontrast, der zum Bemerken nötig ist"[15]. Die empirische Erfahrung ist

---

[14] Genau genommen ist nur bei Tönnies der besagte „Schub" auch eine empirisch-historische Entwicklung. Für Schopenhauer, dessen „Wille" metaphysisch begründet ist, gilt die Verbindung und Aufeinanderfolge von Anschauung und Abstraktion für den Menschen, schon bevor er in dieser Weise in Erscheinung tritt (apriorische „Idee" des Willens), und trifft also für jeden einzelnen Menschen stets und zu jeder Zeit zu, sofern er existiert. Eine empirisch-geschichtliche Entwicklung kennt Schopenhauer nicht, zu einer solchen machte Tönnies den besagten Schub wohl hauptsächlich unter dem Einfluß Nietzsches, Henry Maines, Spencers und der Deszendenztheorie.

[15] Vgl. hierzu die leider nur wenig bekannte, höchstgeniale Verstehenstheorie von Otto *Weininger*, in: Geschlecht und Charakter, Wien/Leipzig 1903 u. später, 2. Teil, Kap. IV.

jene *anschauliche* Erkenntnis, durch die uns die uns tatsächlich umgebende Welt („Realität") bekannt ist. Die sich dabei unterscheidenden Objekte (das Bild an der Wand, die Bücher auf dem Tisch, die Möbel im Zimmer usw.) stehen und bleiben gleichwohl in einem ungetrennten Zusammenhang: was sich heraushebt (jener Aschenbecher z. B.), ist *Teil* der Umgebung, Teil des anschaulich gegebenen Ganzen. ‚Ich schaue an‘ heißt zuallererst: Dies ist hier, daneben ist jenes, dahinter das da, darinnen aber das; oder: Jetzt ist das so, und dann auf einmal (d. h. danach) ist es so, und schließlich (wenn es sich bewegt) ist es woanders. Mit anderen Worten: Empirische Anschauung ist räumliche und zeitliche Erkenntnis, jedes in ihr geschaffene Objekt erscheint veränderlich, weil eben Zeit und Raum das Medium des Andersseins ist: Alles in diesem Medium Gegebene ist hier oder da, jetzt oder später usw. Dafür aber ist jedes so gegebene Objekt auch wirklich da, es umgibt uns leibhaftig: Da ist es — wir sehen, hören, riechen es wirklich.

Wenn wir erkenntniskritisch verfahren — und das tun wir jetzt —, so können wir nicht sagen: Weil jene empirischen Objekte sich verändern (und womöglich bewegen), darum muß auch die sie wahrnehmende Anschauung mal hierhin, mal dorthin schauen, d. h. tätig sein, sondern umgekehrt: weil Anschauung ein tätiges und arbeitendes Erkennen ist, das in seinem Tun den Raum (und die Zeit) schafft, wo (und wann) es „etwas" findet und erkennt, darum befindet sich *hier* dieses, *dort* etwas anderes usw. Anschauung wäre demnach ein bestimmtes, nämlich räumlich-zeitliches *Tun*, durch das die anschauliche Welt („Natur", „Realität") in Erscheinung tritt. Gäbe es nun die Möglichkeit, dieses räumlich-zeitliche Tun der Anschauung, das wir Erfahrung nennen, während seiner anschauenden Tätigkeit gleichsam zu bremsen oder anzuhalten: Was stünde dann an jener „Stelle", wo ich jetzt diese Lampe anschaulich sehe? Was bliebe von der Lampe dann wohl noch übrig? Nichts?

Nun, die fragliche Möglichkeit, das anschauliche Tun zu beenden und mit dem Anschauen aufzuhören, gibt es. Was dann an die Stelle des angeschauten Gegenstandes tritt (oder vielmehr von ihm übrig bleibt), ist ein *Merkmal* (oder einige Merkmale als Merkmalsbündel), und diese Merkmale sind in sich schlechthin unveränderlich. Denn sie werden nun nicht mehr angeschaut — mit dem anschauenden Tun wurde ja aufgehört —, sie sind also nicht mehr hier oder dort, nicht mehr so oder anders; sie sind eben nur gedacht. Und dies Denken heißt Abstraktion, ihr Gegenstand oder Objekt (das „Merkmal") ist der Begriff („Abstraktionsbegriff")[16].

---

[16] Schopenhauer hat den Vorgang der Abstraktion m. W. nicht so dargestellt wie ich hier, sondern mit größter Brillanz das Resultat der Abstraktion

Diese Unveränderlichkeit des Begriffs ist das eigentlich Leistungsfähige an ihm. Denn nun wird — über oder außer der anschaulichen
Natur — die Errichtung einer anderen Welt möglich, eben der abstrakten Welt, die darauf aufbaut, daß etwas zuverlässig sich so erhält, wie
man es sich denkt und vorstellt, und das bedeutet, daß es in sich unveränderlich ist (Abstraktionsbegriff). Man muß sich dies an der eigenen
Anschauung vergegenwärtigen, wie unmerklich ein lebendig angeschautes Objekt (oder ein Teil davon) zu einem Merkmal oder einer
Merkmalsgruppe erstarrt („gerinnen" nennt es Tönnies und ich glaube
auch Marx bisweilen), und wie dieses Merkmal uns sofort denken läßt,
daß es auch anderswo „sein", d. h. woanders oder zu anderer Zeit zutreffen und „gelten" könnte. Der Abstraktionsbegriff ist eben nicht
mehr das hier und jetzt angeschaute Objekt, er ist nirgendwo und
nirgendwann; daß er zu einem angeschauten Objekt „gehört" oder eine
Beziehung hat, hängt wohl nur damit zusammen, daß er immer dann
für die Anschauung (und das Angeschaute) steht, wenn man diese
läßt und unterbricht. Aber wundersam ist es doch, wie aus dieser angeschauten Lampe ein „Exemplar" von Lampe wird, deren Merkmale auf
tausend andere Lampen ebenso zutreffen können, ohne daß es diese
Lampen überhaupt zu geben braucht, und die, wenn es sie doch gibt,
sich nicht voneinander unterscheiden, soweit es ihre Merkmale angeht.

Auch hier haben wir wieder ein dorniges Gebiet betreten, — aber
wir mußten es, wenn wir Tönnies und die TdW verstehen wollen. So
kommt der Unterschied der beiden Erkenntnisweisen etwa in der oft
nur latent spürbaren Spannung von Empfindung und begrifflich gerichteter Vorstellung zum Ausdruck; unerläßlich aber wird seine Kenntnis und die des abfolgemäßigen Zusammenhangs der beiden Erkenntnisweisen im Haupt- und Mittelteil der Schrift (ab § 28), wo von den
beiden Typen des Wollens, organisches Wollen (Typ A) und rationales
Wollen (Typ B) gehandelt wird. Wie schon angedeutet, muß es uns in
dieser kurzen Einleitung versagt bleiben, andere mit den angeführten
Gedanken der Schopenhauerschen Lehre zusammenhängende und auch
das Tönniessche Denken sehr beleuchtende Auffassungen jenes Denkers
vorzutragen. So etwa soll unerörtert bleiben, daß nach Schopenhauer
der Vorgang der Abstraktion die Bildung der *Sprache* notwendig macht,
als ein Behälter gleichsam, der verhindert, daß uns jene luftigen Gebilde (die Abstraktionsbegriffe) davonfliegen. Auch die so wichtige und
für das Verständnis von Tönnies nicht unerhebliche Ätiologie Schopenhauers müssen wir weglassen, seine Lehre, daß alles Reale durchweg

---

dargestellt: Reduzierung des anschaulichen Objekts auf ein (oder einige)
Merkmale, Verlust der Anschaulichkeit, dadurch Verwandlung in das Objekt
einer anderen Klasse (Begriff), und Befreiung des Begriffs von Raum und
Zeit. So etwa in der „Vierfachen Wurzel des Satzes usw.", § 26 ff.

kausal bestimmt sei und dies auch für den denkenden Menschen zutreffe, der stets nur durch eine höhere Form der „Ursache", durch das *Motiv* bewegt werde[17]. Und nur ein wenig hinweisen kann man in dieser Einleitung auf die so interessante Frage, *wer* denn eigentlich den Schaden davon hat, daß die ursprünglichen Anschauungen (und damit die anschauliche Welt) auflösbar sind durch Abstraktion? Wer bemerkt es denn überhaupt, daß wir Menschen weitgehend in einer abstrakten Welt leben? Der „abstrakte Mensch", den Tönnies in „Gemeinschaft und Gesellschaft" ins Rampenlicht stellt? Nein. Derjenige nur fühlt es stark und schmerzlich, der sehr in der Anschauung lebt und dem sie durch die Abstraktion (oder durch den kulturellen Zwang zur Abstraktion) angegriffen wird. Dies ist zunächst (neben dem Kind im Rousseauschen Sinn, das hauptsächlich in der Anschauung lebt) der Typus des Künstlers: Daher kann bei allen auf Schopenhauers Logik sich berufenden Männern ein starker künstlerischer Impuls unterstellt werden (auch Tönnies!)[18]. Aber der „moderne" Mensch, sofern er mit dem „abstrakten Menschen" zusammenfällt, entbehrt die schwindende Anschauung kaum. Mag sein, daß, wie Tönnies in der TdW ausführt, das Triebleben des abstrakten Menschen entfesselt wird (das sieht man heute ja an jedem Kiosk) — aber dies führt wohl oft nur zu besinnungslosen Ausbrüchen: Die Natur, die ihn umgibt, sieht er wenig, und die Zeit, die verfließt, bemerkt er am ehesten vielleicht noch durch das Heranrücken des Rentenalters. Übrigens läßt die Unangefochtenheit durch die Zeit den abstrakten Menschen auch physiognomisch alterslos erscheinen: Es gibt keinen Greis, und schon das kleinere Kind wirkt erwachsen (Typus des US-Amerikaners). — Und auch dieser Hinweis mag in dem gegebenen Zusammenhang lehrreich sein, daß das, was Max Weber den „universalen Rationalisierungsprozeß" nennt, durch Tönnies eine eigene und eigentlich anthropologische Begründung erfährt. —

Mit diesen logisch-anthropologischen Auffassungen von Tönnies hängt nun in der TdW sehr wesentlich die Entwicklung der beiden Willens-

---

[17] Cornelius *Bickel* (in: Ankunft bei Tönnies, a.a.O.) ist sehr eindringlich auf die Frage eingegangen, welche Rolle das *Verstehen* in der Soziologie von Tönnies spiele. Er versucht es von der hermeneutischen Theorie aus und durch die Alternative Verstehen gegen Erklären. Bemerkenswert ist aber, daß die Schopenhauersche Lehre eine Verstehenstheorie impliziert, in der — eben durch die allem Geschehen zugrundeliegende Kausalität — Verstehen das kausale Erklären nicht nur nicht ausschließt, sondern voraussetzt: Verstehen heißt hier auch erklären. Das müßte wohl auch bei Tönnies bedacht werden.

[18] Über den „Künstler" Tönnies vgl. den in Anm. 13 angegebenen Aufsatz des Hrsgs. — Übrigens kann im gegenwärtigen Zusammenhang auch gefragt werden, ob es so etwas wie „abstrakte Kunst" im Ernst überhaupt geben kann, ob das nicht ein rundes Viereck ist und ob das Unbehagen an der „modernen Kunst" nicht darin besteht, daß einem etwas als Kunst geboten wird, das des Unterschieds zwischen Begriff und Anschauung nicht mehr inne ist.

typen (A = organisches Wollen; B = rationales Wollen) zusammen,
denen man unschwer ihre Herkunft aus der anschaulichen Erkenntnis-
form einerseits, der Abstraktion andererseits ansieht. Gemeinsam ist
beiden Willenstypen ihre formale Struktur, die das Allgemeinste darstellt, das — nach Tönnies — den Willen theoretisch auszeichnet. Auf
diese Struktur des Willens kommt er in der TdW fortwährend zurück
und verteidigt sie namentlich gegen Sigwart. Sie besteht 1. in der Behauptung, daß der Wille ein *Zustand* sei, und das, worauf er sich stets
und direkt richte, eine *Tätigkeit*. 2. wird behauptet, daß der Wille in
das Verhältnis von Zweck und Mittel hineingehöre. In dieser Zweck-
Mittel-Relation sei nun festzuhalten, daß der Zustand des Willens sich
stets und direkt nur auf das Mittel beziehe, das eine (eigene) Tätigkeit
sei, und daß, wenn die gewollte Tätigkeit ausgeübt oder ausgeführt
werde, dadurch ein gewünschter Zweck erreicht oder bewirkt werde.
Der Zweck sei mithin — wenn er nicht unmittelbar erreichbar sei —
auch nicht direkt ein Gegenstand des Wollens, sondern des Wünschens.
Das Wünschen aber unterscheide sich von dem denkbetonten Wollen
durch die Gefühlsbetonung, und so entstehe — wie § 27 gesagt wird —
durch „das Verhältnis des Wünschens zum Wollen... das Kardinalproblem, woran das Verständnis des Wollens hängt." Diese Problematik
tut sich dann in den folgenden §§ mit Vehemenz auf, indem eben denk-
betontes Mittel (= Gewolltes) und gefühlsbetonter Zweck (= Gewünschtes) in einen Gegensatz geraten können.

Im Typus A (organisches Wollen) finden wir dann die genannte
Formalstruktur des Willens in einer Verfassung, die der anschaulichen
sinnlichen Erkenntnis entspricht: Die Mittel und Zwecke unterscheiden
sich zwar voneinander, aber sie trennen sich nicht, — sie bleiben Teile
einer Gesamttätigkeit oder eines Ganzen. Dies sollte man sich am besten
wohl an einem konkreten Beispiel verdeutlichen. Tönnies gibt § 6 ein
solches, das wohl dem Typus A zugehört und den Autor von seinem hei-
matlichen Schleswig-Holstein nach Paris reisen läßt, um dort „politische
Vorgänge zu beobachten". Ich möchte ein eigenes Beispiel wählen, in
dem auch — wie Tönnies es sich für das organische Wollen (A) wohl
stets vorstellt — nicht nur das Mittel (auf das das Wollen sich richtet)
eine Tätigkeit ist, sondern auch der Zweck (auf dem das Wünschen ruht
und der durch das Mittel bewirkt oder ermöglicht wird). Es soll einmal als gegeben unterstellt werden, daß ich ein Buch zu schreiben
wünsche und dies also der Zweck sei. Nun wird von Tönnies für das
organische Wollen behauptet, Mittel und Zweck unterschieden sich zwar,
blieben aber gleichwohl in ungetrenntem Zusammenhang. Das heißt
m. E., daß die gewünschte Tätigkeit (hier der Zweck des Buchschreibens) gar nicht in einer einzelnen Tätigkeit allein besteht, die also als
solche selbständig für sich getan werden könnte, sondern durch den

Zusammenhang vieler einzelner Tätigkeiten (als Mittel) mitbewirkt wird und durch sie *mitgeschieht*. Die gewünschte Tätigkeit des Buchschreibens hebt sich also nicht als selbständige Tätigkeit von jenen einzelnen Tätigkeiten ab, durch die und in denen man ein Buch schreibt. Der gewünschte Zweck, die Tätigkeit des Buchschreibens etwa, wird dann durch einzelne „besondere" Tätigkeiten mitbewirkt und mitgetan, und diese jeweils einzelne, besondere Tätigkeit, als die direkt gewollte Tätigkeit, wäre das Mittel. Wer also ein Buch zu schreiben wünscht, tut vieles Einzelne, z. B. er stellt die zugehörige Literatur fest, geht in Bibliotheken, liest andere Bücher, macht sich Gedanken, notiert sich dies und das usw. Schließlich schreibt er den Text nieder. Man kann nicht sagen: Nur mit dem Hinschreiben des Textes ‚schreibt er das Buch'. Aber mit einem gewissen Recht kann man von jeder einzelnen Tätigkeit sagen (wenn man es eben *nicht* allein auf sie münzt): „Ich schreibe ein Buch." Ich schreibe ein Buch, wenn ich dabei bin, auf der Bibliothek Bücher zu bestellen oder diese zu lesen, wenn ich mir Gedanken mache, wenn ich etwas notiere usw. Die gewünschte Tätigkeit (Zweck) ist die in jeder einzelnen Tätigkeit mitgetane und also u. U. unmittelbar und für sich allein gar nicht zu tuende Gesamttätigkeit. Der Wunsch, sie (d. h. den Zweck) zu tun, ruft die einzelnen Tätigkeiten als Mittel hervor („motiviert" sie), und wenn sie getan sind, ist auch der Zweck geschehen, auch das Gewünschte getan: zu tun möglich geworden durch die Einzeltätigkeiten. In diesem Sinn ist die gewollte Einzeltätigkeit nicht nur gewollt, sondern *auch* eine gewünschte Tätigkeit — geschieht doch in ihr *auch* der Zweck. Zweck und Mittel sind ungetrennt, d. h. vor allem: das Mittel ist nicht bloßes Mittel allein.

Des weiteren läßt sich anhand dieses Beispiels des organischen Wollens (A) das folgende finden: der gewünschte Zweck ist auch Tätigkeit, Tun, nur mit dem Unterschied (zum gewollten Mittel), daß der Tätige sich hierin erschöpft und „sättigt", und nicht durch das gewünschte Tun noch etwas weiteres will, wie dies in der als Mittel betrachteten Tätigkeit der Fall ist. Der Zweck in (A) ist eine Tätigkeit, die nicht allein und für sich zu tun möglich ist, und daher anderes Tun miterforderlich macht, das zu tun um des Gewünschten willen mitgewünscht wird. Gewünschte Tätigkeit und um ihretwillen gewollte Tätigkeit lösen sich nicht voneinander. Ist aber die gewünschte Tätigkeit nur durch und in anderen Tätigkeiten möglich, so müssen eben diese (als Mittel) durch *Erkennen* gefunden werden, wodurch — wie Tönnies es wohl sieht — im Fühlen und Wünschen die in es eingeschlossene mentale Fähigkeit des Menschen mobilisiert wird und diese durch *Schließen* und *Beschluß* das Wollen der Mittel hervorruft.

Das erkennende Finden der Mittel ist — gegenüber dem Fühlen des Wünschens — das eigentlich Steigerungsfähige und kann bis zur Erfin-

dung beliebiger Mittel bei vorausgesetzten Zwecken fortschreiten. Dies
geschieht im Willens-Typ B, dem „rationalen Wollen", während im
Typ A das Erkennen der zu wollenden Mittel nichts anderes ist als das
Erkennen der den gewünschten Tätigkeiten naturgemäß ursächlich vorausgehenden Veränderungen und Tätigkeiten: sie werden hinzugenom-
men, weil sie der Natur der Dinge und Vorgänge nach zu etwas Ge-
wünschtem dazugehören. Das Dazugehörige zu wollen ist klug, aber
noch nicht intellektuell.

Was sich in Typ B, dem „rationalen Wollen" abspielt, läßt sich m. E.
nur verstehen, wenn man den Charakter des Denkens einsieht, der hier
erreicht ist und von dem das Wollen und Wünschen sich leiten läßt.
Wenn das Denken etwas unveränderlich festzuhalten und als Unver-
änderbares zu setzen vermag, so kann es dieses auch reinlich für sich
halten. Das von dieser unveränderlich festgehaltenen Konstante Abweichende und Veränderliche ist durch denselben Denkvorgang seinerseits von jener Konstante abgetrennt: es kann sich beliebig verändern,
während sie sich unveränderlich erhält. Ein solches in sich unveränder-
liches Merkmal (oder Merkmalskomplex) ist der Abstraktionsbegriff,
und eben diese Unveränderbarkeit sein Wesen, das es in der anschaulichen Natur nimmermehr gibt. Er entsteht und besteht nur im *abstrakten Denken*, dem Denken, das die Anschauung aufgegeben hat. Tönnies
hebt diesen dissoziierenden, trennenden Charakter des Denkens im
Wollen des Typs B auch sofort nachdrücklich hervor: mit ihrer Fähigkeit zu Trennungen setzt diese Wollensart die „Konzeption des Zwecks
und Konzeption des Mittels von vornherein isoliert gegenüber" (§ 29).
Den „natürlichen Assoziationen" im Zweckgedanken des Wollens (A)
steht hier in (B) „eine ausdrücklich bewirkte Dissoziation entgegen"
(§ 35). Daher liegt zwischen dem natürlichen Zweckdenken in (A) und
dem mit einer Trennung von Mittel und Zweck beginnenden „rationalen Wollen" (B) ein „Riß" (§ 33).

Läßt sich also das rationale Wollen von abstraktem Denken leiten
und besteht abstraktes Denken im Festhalten und Setzen eines Begriffs,
einer unveränderbaren Merkmalsverknüpfung, so erhebt sich die Frage,
was bei diesem Wollen noch Tätigkeit, Mittel, Zweck heißen kann. Denn
ein Abstraktionsbegriff, diese in sich unveränderliche Merkmalsverknüpfung, muß in sich auch schlechthin ruhig, untätig, passiv sein:
man kann ihn selbst nicht tun, nicht tätigen. Er ist außerdem, als nur
gedachtes Objekt, auch nicht empirisch real, kann darum *als solcher*
selbst auch nicht im kausalen Sinn hervorgerufen werden und eine
sichtbare Wirkung oder Zweck sein. Jener Schatten hinter dem Baum ist
durch die eben hinter Wolken auftauchende Sonne hervorgerufen, —
aber Begriffe werden nicht durch andere Objekte und deren Veränderungen kausal hervorgerufen, haben keinen „Realgrund"; sondern sie

sind Erkenntnisse, Gedanken, die allein solcher Gründe bedürfen, durch
die sie wahr sind, zutreffen —: durch die das Gedachte gilt (Erkenntnis-
oder Beweisgrund). Dennoch ist die Frage, ob ein zweckgerichtetes wirkliches Handeln sich nicht Zwecke oder Ziele setzen kann, die einem Abstraktionsbegriff so nahe kommen, als überhaupt sich etwas Tatsächliches einem Begriff annähern kann. Dies ist m. E. der Grundgedanke
des Willens-Typus B bei Tönnies: die Frage, ob durch handelnde Tätigkeit des Subjekts etwas Objektives bewirkt und zum Zweck des Handelns gemacht werden kann, das in sich nahezu unveränderlich ist und
somit dem Wesen des Abstraktionsbegriffs folgt.

Wenn jemand sich vornimmt, Papiertüten *en masse* herzustellen, so
hält sein Denken die einfache und in sich unveränderbare Merkmalsverknüpfung als Begriff im Bewußtsein: festes Papier, dreieckig zugeschnit-
ten, in der Symmetrieachse gefaltet, die übereinanderlappenden Seiten
miteinander verklebt. Die Erfüllung dieser und nur dieser Merkmale, die
Erfüllung des jeweiligen einzelnen Merkmals (wie ‚Falten‘) in seiner inva-
rianten, feststehenden, nur sich selbst kennenden Bestimmtheit: dies ist
das Wesen der nunmehr geforderten Tätigkeit. Die Tätigkeit soll nur
diese den einzelnen Merkmalen entsprechenden Vollzüge können: je
mehr sie *nur* diese Tätigkeit kann, um so besser die Tüte, da sie um so
mehr den geforderten Merkmalen entspricht, je mehr die Tätigkeit nur
diese Merkmale erfüllt, — also keine anderen Eigenschaften hinzufügt
und die geforderten ohne alle Varianz vollzieht. Je unbestimmter und
formbarer das tätige Subjekt vor der Anpassung an diese Tätigkeit ist,
je weniger eingestellt auf anderes, um so besser die haargenaue Anpassung an nur diese Tätigkeit: kein mitgebrachter und auf anderes
eingeübter Handgriff stört oder steht der Einstellung auf die hier geforderten Vollzüge im Weg. Dem begrifflich bestimmtesten Zweck steht
also (im Wollen B) die unbestimmteste Tätigkeit als Mittel gegenüber,
disponierbar zu jeder Tätigkeit, die dann auf das allerbestimmteste
nur Planmäßiges tut und *nur* Mittel ist, bloßes Mittel, nichts weiter
(§ 29).

Wenn nun das gewollte Mittel nur *Tätigkeit* ist, so läßt sich das bei
(B) von der Wirkung, dem gewünschten Zweck (die Papiertüte, das
Auto usw.) *nicht* sagen. Sie sind bloßes Produkt, in sich unveränderlich wie die begriffliche Vorschrift, nach der sie erzeugt wurden: der
gewünschte und bewirkte Zweck, die standardisierte Papiertüte z. B., ist
nicht selber eine Tätigkeit, die bei ihrer Herstellung mitverrichtet, mit-
getan würde wie das im obigen Beispiel des organischen Wollens (A)
der Fall war, wo der, der in der Bibliothek Literatur sammelt, dabei
und damit auch sein Buch *schreibt*, also sozusagen zweierlei *tut*. Der
Automobilhersteller — was sein Tun angeht — ist tätig nur als Mittel,
als Hersteller, der Zweck, das Produkt ist nicht sein Tun: dafür hätte

das Auto selbst während der Herstellung veränderlich sein müssen und
etwas je Eigenes, Neues, Anderes werden können müssen. Stattdessen
ist es in sich unveränderlich und tot, wie jener begriffliche Konstruk-
tionsplan, nach dem es hergestellt wurde und der allein darin besteht,
in sich unveränderliche Merkmale vorzuschreiben, die von der Ferti-
gung nur dann erfüllt werden, wenn die Eigenschaften des Produktes im
einzelnen und in der Kombination von jener Merkmalsverknüpfung
nicht abweichen, also so unveränderlich geraten sind, wie die Merkmale
selbst: im andern Fall ist das Produkt „Ausschuß". Darüber nämlich
täusche man sich nicht: der „Reiz" eines nach abstrakten Merkmalen
„geschaffenen" Produkts besteht darin, in seinen Eigenschaften und
Zügen jene starren Unveränderlichkeiten zu zeigen, die ursprüngliches
Wesen des Abstraktionsbegriffs sind. Die starre Uniformität eines VW-
Käfers besteht nicht darin, daß man Tausende von seinesgleichen auf
den Straßen sieht, sondern darin, daß er Merkmalen entspricht (und
nach ihnen gefertigt wurde), die in sich unveränderlich und konstant
sind (Begriffe): wären nicht Millionen, sondern nur *ein* Exemplar nach
diesem Plan gemacht worden, es trüge gleichwohl jene starre Uniformität an sich: eben weil es Exemplar, und nichts ist als das.

So scheint m. E. dem Zweckdenken des „rationalen Wollens" (B) bei
Tönnies der Gedanke zugrundezuliegen, daß der Mensch durch tätiges
Handeln (als Mittel und Ursache) etwas Konstantes, In-sich-Unver-
änderliches, aber auch In-sich-Untätiges zu schaffen, d. h. als Zweck
zu bewirken in der Lage ist[19]. Auch der *Tausch*, Tönnies' liebstes Muster-
beispiel für Handeln des Typs B, auf den er sich ab § 35 breit einläßt,
ist von hierher zu verstehen. Mittel und Zweck, Tätigkeit und Produkt,
Wollen und Wünschen lösen sich im Tausch auf in ein Hergebenwollen
und Erwerbenwünschen. Das Hergebenwollen als ein Tun ist im einfachsten (und im Sinn der vorwiegend subjektiv-psychologischen Absichten der TdW auch passendsten) Fall die Hergabe und Veraus-
gabung der Tätigkeit und Arbeitskraft selber (ähnlich wie im Fall von
Marx' „Proletarier"): ist *das Arbeiten* als Mittel zum Erwerb des Gegen-

---

[19] Trifft die hier vorgenommene Präparierung der Tönniesschen Willenstheorie zu, so wird man den Gedanken nicht los, daß es sich bei ihr um ein
psychologisches (und soziologisches) Analogon zum sogenannten *Entropiesatz*
der Thermodynamik handelt, wonach in geschlossenen Systemen die gebun-
dene Energie zu-, die freie dagegen abnimmt, so daß der sogenannte
„Wärmetod" nicht auszuschließen ist. Dennoch ist festzuhalten, daß es sich
bei Tönnies nicht um eine physikalisch-energetische Theorie handelt, sondern
um eine Willenstheorie, die auf bloße Moleküle, Gase usw. eben nicht zu-
trifft, weil diese (nach vorausgesetzter Definition) keinen Willen haben. —
Auch in diesem Zusammenhang ist wichtig die Arbeit von C. *Bickel* (a.a.O.),
wo er nachweist, wie sehr Tönnies sich an dem szientistischen Ideal einer
von der Logik der Naturwissenschaften geleiteten Einheitswissenschaft orien-
tierte.

wertes. Das Eigentümliche an Tönnies' Tauschvorstellung scheint mir
nun, daß der Arbeitende durch seine Tätigkeit gerade soviel an Festem,
In-sich-Ruhendem und Unveränderlichen (z. B. Geld) bewirkt, als er
Tätigkeit verausgabt hat, so daß durch sein Tun die Veränderung von
etwas Flüssigem und schlechthin Veränderlichen (nämlich seine Tätig-
keit) in etwas Festes, Bestimmtes, Stabiles, Konstantes eintritt (z. B.
Geld), — und daß diese Wirkung der Zweck ist, den der Wollende in
(B) sich wünscht. Ein Tausch ist es, weil der Wollende die Tätigkeit
dafür hergibt, d. h. tut: Er hat das Tätige (seine Tätigkeit) gegen das
Unveränderbar-Untätige eingetauscht, das ihm nun gehört, da es an-
stelle seiner Tätigkeit steht: Er hat es jetzt, aber die Tätigkeit (die
Kraft) hat er nicht mehr, denn sie hat er getan, verausgabt, um das
Untätige, Stabile, Sichere und Feste zu gewinnen, das ihm als Genuß
schlechthin („abstrakte Lust") erscheint. Nach jeder solchen Arbeit, und
am Ende aller solchen Arbeit ist der Tätige müde, alt, verbraucht: aber
er hat das Geld. Diesen Gedanken des Tauschs, durch tätiges Veraus-
gaben und Hergeben einen festen, quantitativ für gleich erachteten
Gegenwert zu gewinnen, führt Tönnies dann auch für die höheren Formen des Tauschs wie Handel und Spekulation durch (§§ 36, 39, 41). —

Eine abschließende Frage erhebt sich nun, und diese führt uns auf
eine merkwürdige Analogie zwischen *Ferdinand Tönnies* und *Max
Weber*. Die Frage ist: Warum will der Mensch — nach Tönnies — eigentlich durch Übergang vom organischen zum rationalen Wollen die Trennung von Zweck und Mittel (denn ein Wollen ist auch Typus B)? Die
Antwort gibt Tönnies m. W. nirgends so deutlich wie in der TdW, und
sie zeigt uns aufs neue, wie ausschließlich er den Willen aus Trieb und
Lust ableitete. Der Sinn jener Trennung nämlich ist folgender: Im organischen Wollen (A) sei *alle* Tätigkeit lusterfüllt oder lustbetont, obwohl stets auch Unlust- und Schmerzelemente in ihr enthalten sind, dadurch, daß Tätigkeit immer in irgendeinem Grad anstrengend sei. Mithin sei Lust und Unlust in (A) gemischt und ungetrennt vorhanden, und
— so möchte Tönnies uns belehren — diese Gemischtheit von Lust
und Unlust in der Tätigkeit (A) sei geradezu ein Zeichen von Integrität
und mache das Wesen der Ganzheit, des Ganzen aus (§ 42 Ende). Diese
Vermischtheit aber lasse das organische oder natürliche Wollen auch
„disharmonisch" werden, ja, senke einen fortwährenden „Widerstreit"
in es ein (§§ 16, 42). Dieser Zustand ist nun nach Tönnies für den wollenden Menschen nur so behebbar, daß er Mittel und Zweck trenne,
was nichts anderes heißt, als daß die Lust ausschließlich im Zweck, die
Unlust ausschließlich auf das Mittel polarisiert werde und somit im
Wollen des Typus B sozusagen reiner Tisch gemacht werde, was Lust
und Unlust angehe. Da das gewollte Mittel aber stets menschliche Tätigkeit oder Handeln sei, so bedeute das, daß im rationalen Wollen (B)

3*

das Tun, Handeln und Arbeiten dem Menschen keinen Spaß mehr bereiten darf, da ja die volle Lust auf die Seite des (gewünschten) Zweckes
geschoben werde. Es entstehe mithin eine rastlose Tätigkeit, die zwar
Lust zu erzeugen und fein säuberlich aufzuhäufen suche, die der Tätige
aber in seiner Tätigkeit — während und solange er tätig ist — nicht
genießen kann. Die Lust bleibe abstrakt vorgestellt, und die Tätigkeit,
durch die das Lustgut produziert werde, sei Mühe und Last.

Es ist klar, daß Tönnies mit dieser Analyse die *psychologische Anatomie des Menschen in der modernen Industriegesellschaft* geben wollte
und einen hellsichtigen Blick auf dessen gespaltenes Leben warf (Arbeit/Freizeit; Berufsleben/Rentenalter). Wer denkt in § 40 nicht an die
mitteleuropäischen Rentner auf den Balearen oder kanarischen Inseln,
die alles genießen wollen und auch könnten, wenn sie noch die Kraft
dazu hätten und jung wären?

Worauf es uns aber hier ankommt, ist die augenscheinliche Parallele
zu Max Webers Darstellung des kapitalistischen Menschen, wie er ihn
aus der protestantisch-calvinistischen Gläubigkeit hervorgehen läßt.
Auch er ist ja ausgezeichnet durch die rastlose Berufsarbeit, die keinen
Genuß bereiten, sondern allein Mittel sein soll, durch das der Mensch
sich vergewissern kann, ob er für ein realitätstranszendentes Reich auserwählt sei oder nicht. Der diesseitige Erfolg der Berufsarbeit macht
dem Tätigen die Prädestination wahrscheinlich, aber er kann ihn nicht
genießen, da er damit untätig würde und sich somit des einzigen Mittels
berauben würde, durch das er sich jener Seligkeit vergewissern kann:
Tätigkeit.

Allein jetzt springt der ungeheure Unterschied beider Theorien über
den Industriegesellschaftsmenschen in die Augen: eine entgegengesetzte
Willensauffassung liegt zugrunde. Tönnies' Mensch des Typus B will die
Lust und das Glück *dieser* Welt, aber er will es *rein*, — gewissermaßen
als destillierte Quintessenz: Dadurch zerfällt die Lust ihm zu einer abstrakten Lustvorstellung und der Cherub mit dem kreisenden Schwert
steht sozusagen vor „diesem ewig-fremden Land" (§ 38). Max Webers
kapitalistischer Mensch hingegen hat eine jenseitige Welt gewollt, mit
allen Zweifeln und Ängsten, ob dies wohl möglich sei. In der hiesigen
Welt wollte er nicht leben, und ob er in jene andere Welt gehöre, war
die einzige, entscheidende Frage. Die Heimat, wenn es sie gab, war
anderswo. Inzwischen ist — wie Weber sagt — dies nicht mehr die Frage
des modernen Industriemenschen. Aber geblieben sei: Wer in seinem
Berufsleben erfolgreich sei, habe damit gewissermaßen sein Leben
und sein Dasein vor sich selbst gerechtfertigt („religiöse Wurzeln abgestorben").

Wenn der Mensch nun aber gar keine Arbeit hat, in der er erfolgreich sein kann? Auch hier zeigt sich der prinzipielle Unterschied von Max Weber und Ferdinand Tönnies. Max Weber — soweit er die Kapitalismus-Calvinismus-Theorie zugrunde legen würde — dürfte angesichts des modernen Arbeitslosen, sofern dieser sich dabei unwohl fühlt, wohl sagen: Er hat nichts mehr, wodurch er sein Dasein vor sich selbst rechtfertigen könnte — daran ändert auch der Umstand nichts, daß man ihm für seine Arbeitslosigkeit etwa soviel bezahlt, wie er durch seine Arbeit verdienen würde: Es wäre eben nicht verdient. Tönnies würde sagen (dies erhellt aus den §§ 42 - 44): Wenn ihr dem Menschen Arbeit und Tätigkeit nehmt, so raubt ihr ihm den unmittelbarsten Besitz, den er hat; auf den all sein Wollen sich richtet; dessen tätige Übung die ganze Freiheit darstellt, die es für Menschen (nach Tönnies) gibt; in dem entweder alle Lust liegt, die er kennt, oder durch den er alle Lust bewirken kann, die er sich vorstellt.

Mit diesen aktuellen Gedanken sei die Einleitung in Ferdinand Tönnies' „Tatsache des Wollens" (1899) beendet.

Abschließend, in alphabetischer Folge, der Dank des Herausgebers an: Herrn Hermann *Bickel,* für sachkundige altphilologische Unterstützung bei der Übertragung der einschlägigen Zitate; die *Ferdinand-Tönnies-Gesellschaft,* darin namentlich an die Herren Professoren Dr. L. *Clausen* und Dr. W. *Röhrich,* für finanzielle Unterstützung der Edition; die *Schleswig-Holsteinische Landesbibliothek,* darin namentlich an den Leitenden Bibliotheksdirektor Herrn Prof. Dr. K. *Friedland* sowie den Oberbibliotheksrat Herrn Dr. H. F. *Rothert,* für weitblickende Förderung der Erschließung des Tönnies-Nachlasses; Herrn Bibliotheksdirektor Dr. G. *Schott, Universitätsbibliothek München,* für seine tatkräftige Hilfe bei der Einsicht in die Universitätsakten zur Frohschammer-Stiftung. — Schließlich sei an herausgehobener Stelle an Dr. *Eduard Georg Jacoby* erinnert (1904 - 1978), dem ein ehrenvoller Platz in der Tönnies-Forschung gebührt und der durch seine maschinenschriftliche Übertragung des Manuskripts der „Tatsache des Wollens" die vorliegende Edition sehr erleichtert hat.

Flintbek bei Kiel, im Januar 1982

Jürgen Zander

Ἡ δὲ τέχνη λόγος τοῦ ἔργου ὁ ἄνευ τῆς
ὕλης [ἐστιν].

[Die Kunst aber ist der vom Stoff
freie Begriff des Werkes]

Aristoteles, [De] part[ibus]
an[imalium], I. 1. 640 a. 31.

Zum Gegenstande einer durchsichtigen Analyse ist das (durchaus
emprisch aufgefaßte) Wollen durch Christoph *Sigwart*[1] gemacht worden, und weil diese Analyse von dem Verfasser einer mit Recht sehr
geschätzten „Logik" herrührt, weil sie auch das schwierige Thema mit
gehöriger Kraft anfaßt, so wollen wir sie hier zum Vorwurfe einer
kritischen Nachuntersuchung erwählen.

§ 1.

Nach *Sigwart* verläuft der innere bewußte Prozeß in irgend einem
Falle, in welchem wir unseres Wollens vollkommen klar als eines
ausdrücklichen Aktes bewußt sind, und in welchem die vorangehenden und vorbereitenden Momente sich ebenso deutlich sondern, zunächst durch folgende Stadien[2]: (a.) Vorstellung eines künftigen Zustandes, die sich als möglicher Gegenstand eines Wollens darbietet, die
Frage an mich stellt, ob ich mein Wollen darauf richte oder nicht; sie unterscheidet sich von anderen Vorstellungen eines Künftigen 1, durch
den begleitenden Gedanken, es stehe in meiner *Macht*, sie zu verwirklichen 2, dadurch daß sie mich sollizitiert. (b.) Dieses „Projekt" führt
zur Überlegung seines Verhältnisses zu mir — in 2 Fragen: (α.) *Soll*
ich es zum Gegenstande meines Wollens machen? Die Antwort erfordert
Verdeutlichung der Vorstellung meiner selbst und Verdeutlichung des
Projektes, seiner Folgen usw., (β.) *kann* ich? läßt sich das Projekt
durch *mein Tun* realisieren? Wenn Überlegung der realen Beziehungen,
worin der vorgebildete Zustand innerhalb des ursächlichen Zusammenhangs der Welt steht, mindestens zu der Überlegung führt, daß es
für mich *nicht unmöglich* ist, so kann (c.) die Willensentscheidung erfolgen, wodurch ich den zukünftigen Zustand als *meinen Zweck* setze,

---

[1] [Christoph Sigwart:] Kleine Schriften, Freiburg i. Br. und Tübingen 1881,
II, S. 115 ff. [Titel des Aufsatzes: Der Begriff des Wollens und sein Verhältnis
zum Begriff der Ursache.]

[2] Im folgenden wird die Original-Darstellung abgekürzt wiedergegeben.

ihn als Gegenstand meines Wollens mit Bewußtsein *bejahe* ... oder aber verneine, daß das Projekt ein Zweck für mich sei, es als gleichgültig oder als Übel abweise. „Der Überlegung gegenüber ist die Entscheidung der *Schluß*, zu welchem die Prämissen hinsichtlich der Richtigkeit und Möglichkeit des Projektes mich geführt haben, der Abschluß des erwägenden Denkens, der *Beschluß*." Im Unterschiede vom *Urteil* handele es sich hier „um den nicht weiter beschreibbaren Akt, durch den ich ein Gedachtes in Beziehung zu *mir* setze, indem ich es zum Gegenstande meines Wollens mache, dadurch mir selbst eine bestimmte Richtung gebe, mich mit einem bestimmten Inhalt anfülle; denn mein eigenes Sein ist es, das ich durch den gewollten Zweck zu ergänzen, zu fördern, zu erweitern mir bewußt bin, wenn ich ein Projekt bejahe; mein eigenes Sein, das keiner Ergänzung bedarf, oder das ich zu behaupten und in Harmonie mit sich selbst zu erhalten denke, wenn ich ein Projekt abweise". Und zwar wird (α.) das Gewollte in unmittelbarer Einheit mit mir selbst gedacht, *meine* Beziehung zum Objekt ist ursprünglich Gegenstand des Wollens ... jede bejahende Willensentscheidung schließt die Vorstellung meiner *realen Kausalität* ein ... in jedem Wollen liegt eingeschlossen: ich will etwas *tun*, auch wenn das Tun bloß in der Ausübung der Macht besteht, die ich über den Verlauf meiner Vorstellungen und Gedanken habe. „So ist in jedem Zwecke die doppelte Beziehung zu mir gedacht, einmal, daß ich für ihn tätig sein, und dann, daß er, realisiert, mein eigenes Sein erhalten oder fördern werde." Darum ist aber der Akt selber noch nicht kausal *nach außen*, er ist vielmehr ganz in meinem Bewußtsein beschlossen. (β.) Ein innerer Willensakt ist auch in der verneinenden Willensentscheidung vorhanden, der Gegenstand dieses Wollens ist aber an sich etwas rein Negatives und insofern Unbestimmtes, auch wenn mein Nichtwollen etwa dadurch *begründet* ist, daß ich etwas *anderes* will. —

Soweit der erste Abschnitt dieser Analyse.

§ 2.

Ich bestreite zunächst, daß das Wollen, wie es *Sigwart* hier, sich anlehnend an die *Sprache des gewöhnlichen Lebens* (S. 117) schildert, ein „Akt" sei. Der Akt, den er in Wirklichkeit darstellt, ist der Akt eines Beschließens, Sich-Entscheidens, eines Bejahens oder Verneinens. Dieser Akt ist darum nicht gleich einem angeblichen Akte des ‚Wollens‘, weil man den Inhalt des *vollendeten* Beschlusses, der *fertigen* Entscheidung auszudrücken pflegt durch die Worte „ich will". Sobald wir, *gerade in diesen Fällen*, aufgefordert werden, diese Worte gleichsam zurückzuübersetzen, so müssen wir sie erklären als „ich *habe* beschlossen", „ich *habe* mich entschieden", oder „ich will nicht" als „ich *habe* abgelehnt", „habe mich negativ entschieden".

Wollen bezeichnet, der Sprache des gewöhnlichen Lebens gemäß, nicht einen Akt, sondern den möglicherweise durch einen Akt hervorgebrachten psychischen oder inneren *Zustand*. Beschließen und Wollen ist zweierlei. Auch wir halten uns insoweit an die Sprache, nicht aus dem Grunde, den *Sigwart* angibt, weil „*nur* mit Hilfe ihrer (dies wäre nur richtig, wenn es heißen sollte: *irgendwelcher* Sprache) die Objekte, um die es sich handelt, überhaupt zur Vorstellung gebracht und zur Untersuchung gestellt werden können", denn wir meinen, daß die Wissenschaft ein Recht hat und sogar genötigt ist, ihre eigene Sprache zu reden daß ihr die Übereinkunft über den Inhalt der Ideen, die sie behandelt, am wichtigsten sein muß; — wenn sie die Zeichen dafür einer gegebenen Sprache *entlehnt* — und tatsächlich nicht umhin kann, sie zu entlehnen — so muß sie um so mehr behutsam sein, ihre Ideen nicht zu vermischen mit den Gemein-Ideen, die solchem Zeichen in der Sprache anhaften, insbesondere aber nicht aus bloßen sprachlichen *Formen* Schlüsse zu ziehen, die sachlich nicht begründet sind, oder um solcher Formen willen Unterscheidungen aufzugeben, die etwa die Sprache selber darbietet. So aber liegt hier die Sache. Die Sprache ist keineswegs reich an Wörtern für seelische *Zustände*, weil nur ein Teil dieser im allgemeinen Bewußtsein deutlich genug aufgefaßt wird; hier aber unterscheidet sie allerdings einen *höchst wichtigen* Zustand von der Tätigkeit, die ihn hervorgebracht hat; und nur die Not läßt sie wiederum diesen Zustand in Form einer Tätigkeit ausdrücken, dieser Notbehelf aber läßt die Philosophen aus der Sprache des gewöhnlichen Lebens die Tatsache eines Willensaktes oder gar einer Willenshandlung schöpfen, die in dem tieferen und eigentlichen Sinne, worin jene das Wort „wollen" anwendet, gar nicht vorhanden ist.

Indessen ist auch für das Wollen in unserem Sinne der Akt des Beschließens oder Sich-Entscheidens gleichermaßen von Bedeutung. Wir fragen also, wie weit dieser Akt hier richtig und vollständig dargestellt wurde, und verfolgen ihn durch seine „Stadien" mit unserm Urteil.

§ 3.

Ad (a.) Wir finden nicht, daß das erste Moment, ehe ich beschließe, etwas zu tun, die Vorstellung eines künftigen *Zustandes* sei. Es ist vielmehr die Idee des Tuns selber, die mit einem Gefolge von assoziierten Ideen in mir von außen erregt wird oder von innen auftaucht. Unter den assoziierten Ideen befindet sich möglicherweise, aber nicht notwendigerweise auch die „Vorstellung eines künftigen Zustandes", der durch das Tun bewirkt werde. Es ergibt sich aus dem was folgt, daß *Sigwart* selber als den künftigen Zustand eben die eigene Tätigkeit versteht, indem er die Vorstellung von dem Gedanken begleitet sein läßt, es stehe in meiner *Macht* sie zu verwirklichen. Wenn aber dieser Gedanke die Vorstellung von vornherein *begleitet*, warum folgt dann erst innerhalb (b.) der *Überlegung* des *Verhältnisses*, worin sie zu mir stehe, (β.), die Frage: „Kann ich?" — Vielleicht ist die Meinung, dort, daß es um eine überhaupt durch menschliches Tun, daher eventuell auch durch das meine, realisierbare Vorstellung sich handle; hier wird es fraglich, ob gerade *ich* die nötigen Kräfte oder Mittel dafür habe oder erlangen könne, ob gerade ich dafür tauge, ob ich es *allein* vermöge, ob ich es *dürfe*, ob meine soziale Stellung, ob die Rücksicht auf meine Freunde oder Vorgesetzte, ob meine Überzeugung, mein Gewissen es erlaube?

§ 4.

Wenn aber — und das ist unausweichlich — das „Kann ich" einen so mannigfachen Inhalt hat, so ist dieser Inhalt gar nicht trennbar von dem Inhalt der Frage: Soll ich? — Die Frage „Soll ich?", die zu ihrer Ergänzung fordert „oder soll ich nicht?", bedeutet einen Zustand des Zweifels, des „Schwankens", und dieser Zustand stellt sich unserer Beobachtung dar als ein abwechselndes Geneigtsein und Abgeneigtsein, und jedes ist mit Vorstellungen verbunden, das Geneigtsein hauptsächlich mit Vorstellungen, die wir als „positive" unterscheiden wollen, das Abgeneigtsein mit solchen, die dagegen „negative" heißen mögen. Wir können die positiven Vorstellungen auch als die ‚Gründe', welche ‚dafür sprechen', die negativen als die Gründe, welche dagegen sprechen, bezeichnen, denn wir glauben ja zu *hören*, was wir selber in unserem stummen Denken reden; bei genauer Betrachtung aber finden wir beides: A, die Produktion eines mehr oder minder klaren oder verworrenen Bildes, das unsere Phantasie uns „vorgaukelt", eben des Tuns und dessen, was daran hängt, zumeist eine Mischung von angenehmen, also reizenden und unangenehmen, also abstoßenden Empfindungen enthaltend, und B, die Gedanken oder Erinnnerungen, die dieses Bild wachruft, von denen viele nur die angenehmen Empfindungen, andere die unangenehmen ‚explizieren', außerdem aber auch jene anderen Erwägungen, die da sagen: „Es geht doch nicht", z. B. als Schluß einer Folge von Erinnerungen, die unangenehme Nebenumstände, teils in Bildern, teils in Gedanken vorführten; „aber besser als dein jetziger Zustand wird der ins Auge gefaßte, den dein Tun bewirken kann, doch immerhin sein", — ein Gedanke, der die Schatten des Bildes mildert durch Vergleichung mit den Schatten eines anderen Bildes. Solche Gedanken kann man nun in der Tat scheiden in solche, die sich auf die guten und die üblen Seiten des Projektes und solche, die sich auf die Schwierigkeiten und Erleichterungen seiner Verwirklichung beziehen. Man wird aber nicht mit Recht sagen, daß jene nur auf die Frage: „Soll ich?", diese nur auf die Frage: „Kann ich?" antworten; denn gerade auch die Schwierigkeiten, die Hindernisse, die „sich auftürmen" scheinen zu sagen „du sollst nicht", wie die der Ausführung günstigen Umstände zuraten „du solltest doch den Versuch machen"; andererseits gehört gerade die Gewißheit, es zu können, oft zu den verlockendsten Seiten einer vorschwebenden, ein mögliches Tun darstellenden, Idee.

§ 5.

Wenn nun ferner *Sigwart* die Überzeugung, „daß es für mich nicht unmöglich sei" als notwendige Bedingung auch der *negativen* Willensentscheidung vorführt, so vermag ich auch dies nicht zu billigen. Wie oft ist gerade die Überzeugung, daß es für mich unmöglich sei, der Grund, daß ich ein an und für sich wohl mögliches Projekt abweise, eine Sache nicht tun will, die in abstracto auch für mich tunlich ist, für mein ‚Gefühl und Denken' aber unmöglich gemacht wird etwa durch den Umstand, daß der Mensch, an den ich mich wenden müßte, sich hochmütig gegen mich betragen hat, also durch eine sehr spezielle und subjektive Assoziation, die der Sache anhaftet. Allerdings bildet sich oft die Antithese aus: „ich könnte wohl, aber ich will nicht". Ebenso oft aber kleidet sich das „ich will nicht" in die Worte „ich kann nicht", und diese mögen regelmäßig gedeutet werden = ich kann mich nicht überwinden. Hier macht ein feinerer Sprachgebrauch sich geltend, als der allgemeine, der nur ein äußeres und objektives Können für Bedingung des Wollens hält; ohne daß die Meinung dahin geht, „Freiheit" des Wollens zu verneinen, wird doch eine rein psychologische Unfähigkeit als Ursache des Nichtwollens gedacht; wenn auch der gröbere Sprachgebrauch verbietet, den Zusatz zu machen „*darum* will ich nicht", weil jenem gemäß *jede* Art der Nötigung das Wollen begrifflich ausschließt. Es ist nicht anders bei einer *positiven* Entscheidung, wenn diese sich formuliert durch „ich muß", „ich kann nicht anders". Sofern hier eine Nötigung durch eigene Vorstellungen und Gedanken gemeint ist, wird Niemand leugnen, daß doch ein Wollen vorliege, ob nun der Redende selber seinen Zustand als Wollen empfinde und denke oder nicht; die Präsumtion wird zunächst dafür sein, daß er es tue. Gleichwohl wird der gröbere Sprachgebrauch immer die Alternative stellen: entweder du hast dich frei entschlossen, dann muß du nicht; oder: du bist genötigt worden, dann willst du nicht. Der gröbere Sprachgebrauch wirkt aber sogar auf das philosophische Urteil mächtiger, als der feinere.

§ 6.

Durch die Willensentscheidung, sagt *Sigwart*, setze ich den zukünftigen Zustand als *meinen Zweck*. Es ist richtig, daß ich einen zukünftigen Zustand, den ich als Folge oder Wirkung meines Tuns vorstelle, als meinen Zweck *setzen* kann. Wenn aber, wie wir bemerkten, hier die Tätigkeit selber als der künftige Zustand gedacht wird, so ist dieser der *Inhalt* des Wollens und nicht der *Zweck* des Wollens. Wenn ich sage: „ich habe beschlossen, im nächsten Monat nach Paris zu reisen" oder „ich will ... reisen", so wird man diese Worte verstehen, aber nicht, wenn ich mich so ausdrücke: „ich habe als meinen Zweck gesetzt ... zu reisen".

Dagegen mag man mich fragen: „was hast du für einen Zweck?", „zu welchem Zwecke willst du ... reisen?" Und wenn ich antworte: „ich will dort die politischen Vorgänge beobachten", so teile ich ein anderes Wollen, das Wollen eines konsekutiven Tuns mit, das aber als Wollen vielleicht früher war, jedenfalls im Projekte des Reisens eine damit verbundene positive Vorstellung (als mögliches, mir erwünschtes Tun), wenn nicht die es erfüllende und für mein Wollen zu reisen den Ausschlag gebende positive Vorstellung war; im letzteren Falle ist es (nämlich das nur in Paris mögliche Beobachten der dortigen politischen Vorgänge), ist dieses mögliche *Tun* erwünschte Folge meines Reisens, und kann daher auch als Grund meines positiven Beschlusses im Reisenwollen enthalten sein; aber dadurch wird nicht ein Beobachten*wollen* Zweck meines Reisewollens; ein Wollen ist Grund (oder Motiv) des anderen Wollens, aber nicht Zweck des anderen Wollens. Denn Zweck ist nicht jede erwartete angenehme Folge eines Tuns, daher des dies vorbedeutenden Wollens, sondern nur die vorgestellte *Wirkung* eines Tuns, wenn sie entscheidender Grund für das Beschließen dieses Tuns geworden ist — in unserem Beispiele die *Möglichkeit*, die *Gelegenheit* der Beobachtung Zweck, weil erwartete und erwünschte Wirkung des Hinreisens, durch das Mittelglied des Sich-Aufhaltens an dem Orte. Als Gegenstand oder Inhalt eines *Wünschens* kann allerdings auch die konsekutiv gewollte Tätigkeit (aber nicht *das Wollen* dieser Tätigkeit) Zweck heißen; und dann kann die antezedent gewollte *Tätigkeit* Mittel sein, aber wiederum nicht das Wollen ihrer.

Wir müssen auch hier den eigentlichen Sinn des Wortes Zweck von
der saloppen Anwendung, die es im Sprachgebrauch findet, unterscheiden. Wenn wir jenen ehren, so müssen wir um so mehr vor dieser uns
bewahren; wie eine Bank, wenn sie die Wechsel eines guten Hauses
honoriert, um so mehr vor dem Mißbrauch, der mit dem Namen und
Kredit dieser Firma getrieben werden kann, sich zu schützen sucht.

§ 7.

Sigwart vergleicht den Beschluß mit einem *logischen* Schlusse. Wir
sind damit einverstanden, wenn das Eigentümliche (des Beschlusses)
darin gefunden wird, daß der Beschließende das Gedachte zum Gegenstand seines Wissens *mache* . . . , dadurch sich mit einem bestimmten Inhalt erfülle; und fügen hinzu: der Wollende *hat* eben dies als seinen
Gegenstand, er besitzt diesen bestimmten Inhalt.

Wir vermissen aber die Ausführung der Vergleichung zwischen dem
theoretischen und dem praktischen Denken — denn so möchte am besten
unterschieden werden. Theoretisch steht z. B. ein Richter vor der Frage:
hat N diese Tat, die geschehen ist und einen menschlichen Urheber
hatte, getan? Eine Reihe von Gründen sprechen dafür, andere dagegen;
er prüft das „Gewicht" jedes dieser Gründe, er kommt zu dem Schlusse:
N „*muß* der Täter gewesen" sein, oder „ist höchst wahrscheinlich der
Täter gewesen" oder „kann es nicht gewesen sein" usw. Die Operation
ist, wie auch das Gleichnis anzeigt, ihrer Idee nach eine quasi mathematische, der Schluß ist das Resultat einer Rechnung oder Wägung. —
In praktischer Überlegung steht etwa derselbe Richter vor der Frage:
soll ich den Delinquenten in Gefängnisstrafe oder in Geldstrafe ver-
urteilen? Auch hier sprechen Gründe für eine härtere, Gründe für
eine mildere Strafe; auch das Gewicht dieser Gründe kann objektiv
geprüft werden; auch der Beschluß kann als Resultat einer Rechnung
oder Wägung sich ergeben. In der Tat braucht jene deliberative Frage
nur in die positive verwandelt zu werden: „ist die eine oder die andere
Strafe für diesen Fall oder für dies Individuum die *angemessene*
Strafe?" so scheint eine andere als theoretische Überlegung gar nicht
vorzuliegen; wenn nämlich subintelligiert wird, daß der Beschluß sich
gewiß nach dem Ausfall dieser Prüfung richten werde.

§ 8.

Dennoch ist der bedeutende Unterschied zwischen dem Schließen und
Beschließen: schließend erzeuge ich mein Meinen; beschließend erzeuge
ich mein Wollen. Meinen kann sich auf alles beziehen, dem in irgend-

einem Sinne ein Sein zugeschrieben wird; Wollen bezieht sich ausschließlich auf mögliches zukünftiges Tun seines Subjektes. Meinen
wird gedacht als durchaus passiv, als ohne alles direkte Wirken auf
die Wirklichkeit, ob irrig oder richtig, es gehört ganz und gar dem
Subjekte an, wie das sinnliche Wahrnehmen und Sich-erinnern und
Schließen, wodurch es gebildet wird. Wollen aber wird gedacht als aktiv
wirksam in bezug auf seinen Gegenstand, den es vorbildet, so daß
dieses Vorbild ein zukünftiges Tun nach sich zieht, es zur Folge hat
(genauer: haben kann). Wollen greift also produktiv in die Wirklichkeit hinein. Als Wirklichkeit wird hier aber alles verstanden, was
unabhängig vom Meinen (den ‚Ansichten‘), aber auch unabhängig vom
Wollen (den ‚Absichten‘) der Menschen, so lange als dieses noch seine
Wirkungen *nicht* geübt hat, zu existieren *gedacht wird.* Daß die Menschen vieles meinen, gehört zur Wirklichkeit, so gut als daß die Menschen vieles wollen; beides hat Folgen, die unter Umständen Wirkungen genannt werden. Aber das Meinen, wenn es streng als solches verstanden wird, hat keine Folgen für das, worauf es sich bezieht, *für das
Gemeinte,* dieses wird vom Meinen nicht berührt; das Wollen hingegen
hat möglicherweise, und zwar seiner Tendenz gemäß, Folgen eben für
das, worauf es sich bezieht, für das Gewollte; es kann dieses, das als
nicht wirklich gedacht wird, wirklich machen. Beides gehört der subjektiven Wirklichkeit an, beides ist Inhalt von *Gedanken.* Das durch
Wollen eventuell wirklich gemachte *Tun* gehört der subjektiven Wirklichkeit jedenfalls, möglicherweise aber *zugleich* der objektiven Wirklichkeit an, d. h. ist wahrnehmbar. Die Unterscheidung wird hier im
gewöhnlichen Sinne festgehalten, wonach es subjektive Wirklichkeit
gibt so viele als menschliche und andere Seelen, objektive aber aus
deren Inhalt ausgeschieden wird, als ob sie primario an und für sich
selber vorhanden wäre, secundario durch Sinnesorgane aufgefaßt
(wahrgenommen) würde. Nun aber kann, als zwar nicht wahrnehmbar,
wohl aber begreif- oder denkbar, noch ein weit größerer Inhalt der
Seelen ausgeschieden oder projiziert werden, nämlich auch alles Subjektive selber, insofern es gedacht wird, als nicht allein für das Subjekt
vorhanden, sondern auch an und für sich, d. h. für jeden, der es zu
begreifen vermag und Gelegenheit hat, vorhanden. Es ist vorge-
schlagen worden, alle Wirklichkeit von dieser Art ejektiv zu nennen[1].
Wir denken aber auch das Subjektive, *insofern,* als es allein für das
Subjekt selber vorhanden ist, und das Prius des Ejektiven, wie des

---

[1] [„objektiv“ ist für Tönnies der empirische Gegenstand, die empirische
Realität. Mit „ejektiv“ meint er Gegebenheiten, die in der Spannbreite von
‚intellektuell‘ bis ‚intelligibel‘ liegen: also etwa rein mathematische oder
logische Gegebenheiten auf der einen Seite, Ideale im Kantischen Sinn (des
Noumenon) auf der anderen. — Den Begriff des „Ejektes“ schlug der englische
Mathematiker K. G. *Clifford* vor.]

Objektiven darstellt. Meinen ist auch in diesem engeren Sinne subjektiv. Es bezieht sich sowohl auf Ejektives wie auf Objektives, modifiziert aber weder das Eine noch das Andere, worauf es sich bezieht, in seinem Wirklichkeits-Charakter. Wollen ist gleichfalls in jenem engeren Sinne subjektiv. Es bezieht sich gleichfalls sowohl auf Ejektives, als auf Objektives und modifiziert möglicherweise das Eine wie das Andere.

Da diese Distinktion logisch subtil ist, so ist kein Wunder, daß sie in der Sprache des Lebens verwischt wird. Meinen und Denken (‚Gedanken‘) wird im Sinne von ‚Wollen‘ vielfach gebraucht. Dies mag aber noch einen anderen sprachpsychologischen Grund haben. Das Wollen ist zwar meist im Meinen eingeschlossen, es kann aber auch gemeint, es kann selber *gewußt* werden — von Anderen, aber auch von den Wollenden selber.

Wissen nennen wir das Meinen dann, wenn wir zugleich denken, daß das Gemeinte etwas Tatsächliches, Wirkliches ist (objektiv oder ejektiv). Eben dadurch erhält Wissen den Nebensinn der subjektiven Gewißheit, der Zweifellosigkeit und Sicherheit des Meinens. Wie Wissen auf Tatsachen, so wird das nahe verwandte ‚Kennen‘ auf Dinge angewandt. Ein Wort, das sich zu Kennen verhielte, wie Meinen zu Wissen, gibt es in deutscher Sprache nicht. Auf den Begriff können wir das Wort Meinen ausdehnen: die (möglicherweise irrige) in Gedanken vollzogene Identifizierung oder Subsumierung eines Dinges kann immer als Meinen, *daß es das sei,* verstanden werden.

Die Nachbarschaft von Wollen und Meinen macht sich auch in umgekehrter Richtung geltend. Meinen wird oft als Wollen bezeichnet, daher auch das Kundgeben des Meinens als Behaupten, Aussagen, usw.

§ 9.

Sigwart nannte das Beschließen einen nicht weiter beschreibbaren Akt. Was ist denn beschreibbar? Was ist beschreiben? — Wir meinen Gegenstände und Tätigkeiten zu beschreiben, indem wir durch Worte Vorstellungen erregen, von denen wir denken, daß sie mit unserer Vorstellung des Gegenstandes pp so sehr als möglich sich decken; und diese Erregung geschieht, wo es sich um Vorstellungen handelt, die dem Angeredeten unbekannt sind, notwendigerweise durch Beziehung auf solche, die ihm bekannt sind; wie auch nur durch solche [Beziehung] die qualitativen Vorstellungen quantitative Objektivität erlangen können. Ich beschreibe z. B. einen Menschen als sehr groß und breit, eine Seefahrt als sehr rasch — diese Beschreibungen genügen für die meisten Fälle; eine genaue Beschreibung gebe ich aber erst, wenn ich die Höhe und Breite in Metern und Zentimetern, die Geschwindigkeit der Fahrt in Knoten per Minute angebe; beides setzt aber voraus, daß der Angeredete diese Maße *kenne*. Wir können auch das Subjektive seelischer Zustände und Akte beschreiben, indem wir sie auf solche beziehen, die dem Anderen oder — wenn die Beschreibung allgemeine Geltung haben soll — die Allen bekannt sind. So sprechen die Psychologen von härteren und schwächeren Eindrücken, von Vorstellungen, die einander fördern und hemmen. Seelische Tatsachen genauer, d. h. durch Reduktion der Unterschiede auf Maß-Einheiten, zu beschreiben, wird bekanntlich in neuerer Zeit mit einigem Erfolge unternommen[1]. Freilich, was eine Vorstellung, ein Gedanke usw. *ist*, läßt sich nicht quantitativ ausdrücken, ebenso wenig aber, was ein Mensch oder sonst ein sichtbarer Gegenstand oder eine Tätigkeit ist. Wenn wir seelische Vorgänge beschreiben, so können wir uns genügen lassen, darauf zu rechnen, daß die bekannten Worte verstanden werden, d. h. gleiche Ideen erregen, die wir selber mit ihnen verbinden. Würde dies strenge durchgeführt und hätten die Wörter keine Mitbedeutung, so würde jede Klasse von Vorgängen durch einen spezifischen Namen von den anderen geschieden. In den Sprachen finden wir aber die Versuche ausgeprägt, seelische Vorgänge allerdings zu beschreiben, indem die dunkleren mit helleren, und insbesondere, indem die ganze Gattung mit äußeren — ‚körperlichen‘, ‚materiellen‘ — Vorgängen *verglichen* wird. Ein typisches Beispiel gibt der hier schon gebrauchte Ausdruck ‚erwägen‘: das lebendige Bild einer sichtbaren, wohlbekannten Tätigkeit ruft er hervor. Schwerlich wird man die Idee des „Überlegens" von diesem Bilde trennen können, und die wissenschaftliche Ansicht hat keinen Grund, dies zu versuchen. Die Beschreibung ist so gut, wie etwa die eines Vulkanes, wenn er „ein Feuer speiender" Berg genannt wird. Man soll nur nicht Beschreibungen für Erklärungen nehmen. — Was bedeuten nun Worte wie ‚schließen‘ und ‚beschreiben‘? Ich denke, sie rufen die Vorstellung des Festmachens und diese der Sicherung hervor; so wird auch das Ergebnis logischer Schlüsse (in gerichtlichen Urteilen) als Feststellung beschrieben und das lateinische Wort statuere hat den gleichen Wert, wie beschließen, zumal wenn apud se = ‚innerlich‘ hinzugefügt wird. Der letzte Zustand ist jedesmal dem losen, lockeren, flüssigen entengegengesetzt; er ist sicherer, insofern er mehr Widerstand leistet, und er leistet mehr Widerstand, d. h. Arbeit, weil die Moleküle in ihm weniger zentrifugale Tendenzen, d. h. geringere kinetische Energie in bezug aufeinander haben. Darum wird das Ergeb-

---

[1] [Hier ist wohl z. B. an das berühmte psychophysische Grundgesetz zu denken (entdeckt von E. H. Weber und G. T. Fechner), wonach die Empfindbarkeit körperlicher Reize durch ein quantitativ bestimmtes, mathematisch exakt angebbares Verhältnis von Reiz und Empfindung geregelt wird.]

nis eines Schließens oder Beschließens als ein ‚mit sich einig sein‘ dem
vorausgehenden geteilten Zustand, dem Zweifel oder Schwanken, ent-
gegengestellt; dabei vermischt sich die Idee des festen *Aggregat*-Zu-
standes mit der Idee des Feststehens, Festliegens oder -hängens; in allen
diesen Ideen bedeutet das Feste die innigere Verbundenheit, die ‚ge-
schlossene‘ Einheit, die größere Schwierigkeit der Auflösung oder Losreißung. Und ein solches *„mit sich einig sein“*, daher der Widerstand gegen Angriffe und Erschütterungen, ist nun in der Tat dem Meinen und
dem Wollen gemeinsam — das Meinen hat diese Merkmale um so mehr,
je mehr es sich dem *„fest“* ‚Überzeugtsein‘, das Wollen, je mehr es sich
dem *"fest"* ‚Entschlossensein‘ nähert. Was *ist* nun aber im Meinen, was
im Wollen einheitlich und fest? Doch wohl die Teile, die darin geronnen
sind, etwas also was ihm selber gleichartig ist — sagen wir: im Meinen
die Vermutungen, im Wollen die Neigungen. Aber wir betrachten noch
andere Gleichnisse, die den Akt des Beschließens scheinbar in ent-
gegengesetztem Sinne auffassen. In allen diesen liegt die Vorstellung
des *Streites* zu Grunde und daß dieser geschlichtet wird; das Schlichten
aber erscheint zumeist als ein Auseinanderbringen, ein Trennen der
Streitenden, daher Auflösen und also, wenn der Streit im Inneren ent-
brannt ist, Sich-Auflösen (se résoudre), Entscheiden und also-Sich-
Entscheiden; so dürfte auch das Sich-Entschließen aufzufassen sein,
eigentlich Sich-Öffnen, indem der Streit als ein dichtes dunkles Wirrsal
gedacht [wird], der Entschluß also als Klärung, als Aufmachung eines
Knäuels und dgl. Der Schiedsmann und Richter weiset jedem das
Seine zu, das was ihm gebührt; so auch der innere Richter, wenn ich
mich entschließe, einer Neigung nachzugeben, weil ich sie als berechtigt
anerkenne, eine andere zu unterdrücken als schlecht oder schädlich,
oder wenn ich mich dahin entscheide, „das Eine zu tun und das Andere
nicht zu lassen“, jedes aber zu seiner Zeit. — Auf den Unterschied
dieser Namen und ihrer Sinne werden wir zurückkommen, wenn wir,
nach Anleitung *Sigwarts*, der Synonymik des Wollens einige Aufmerksamkeit zuwenden. Wir haben aber für angezeigt erachtet, diese ganze
Betrachtung in einen *Exkurs* zu verweisen (siehe Beilage)[1].

§ 10.

Hier möge nur eine Bemerkung über den *negativen* Beschluß folgen.
Sigwart legt Wert darauf, zu betonen, daß auch darin ein innerer
‚Willensakt‘ vorhanden, daß auch die Abweisung eines Projekts ein
wirkliches Wollen *sei*. Nach unseren Bestimmungen kann es sich nur
darum handeln, ob ein wirkliches Wollen zu Stande komme. Und hier

---

[1] [Der „Exkurs“ ist im Anhang abgedruckt.]

ist wiederum zu unterscheiden: das grammatische Nichtwollen *kann* allerdings logisch ein Wollen sein, der negative Beschluß also ein wirkliches Wollen begründen. Dies teils, indem die Abweisung eines Projektes nicht bloß ein, sondern vieles positive Wollen *involvieren* kann; teils indem sie ein Wollen zu unterlassen bedeutet, wenn das Unterlassen als eine Tätigkeit gedacht wird. *Ob* es so gedacht wird, kann nur aus einem größeren Zusammenhange ermittelt werden. Jemand beschließt, z. B., sich der Wahl — etwa eines Abgeordneten — zu enthalten: er stellt diese Unterlassusng damit vor als eine Handlung, er will sie aus einem eigenen Grunde oder zu einem eigenen Zweck, er gibt ihr einen bestimmten Wert oder erwartet von ihr bestimmte Folgen. Ganz anders aber, wenn er den Gedanken ode die Zumutung zu wählen, einfach ablehnt; er hat auch dann „seine Gründe", aber er will doch „nichts weiter" damit, er will eben nur *nicht*, er *mag* nicht. Jener will *Nicht-Wählen*, dieser *will = nicht* wählen. Es ist nicht ohne Bedeutung, diese Fälle auseinanderzuhalten.

§ 11.

Wir folgen nun *Sigwarts* Spuren ferner, zunächst aber einen Abschnitt übergehend, um ihn da zu treffen, wo er die erste Hälfte seiner Analyse, die bisher vorlag, wieder aufnimmt[1] und „teils die Art und Weise", wie die einzelnen Stadien zu Stande kommen, „teils die spezielleren Variationen, deren sie fähig sind", des Näheren erörtert (sub III, S. 139 ff.). Dies geschieht also unter den 3 Titeln wie vorhin, und zwar zu 1. a. Die Entstehung des Projekts.

Hier sollen die Wege beschrieben werden, auf denen die möglichen Objekte unserer Willensentscheidungen ... in unser Bewußtsein treten. Sie seien, „wenn wir die Entstehung ethischer Ideen bei Seite lassen", folgende:

(α.) Die eine Hauptquelle, aus welcher Aufforderungen zum Wollen uns zufließen: die wechselnden Gefühlszustände und das aus ihnen unwillkürlich und widerstandslos sich entwickelnde *Begehren*. Es gebe davon 2 Formen: 1. das Verlangen, aus einem unbehaglichen Zustande herauszukommen, 2. das Streben nach einem Genusse, das Gelüsten. Das Begehren selbst wird als „der nicht weiter definierbare, rein innere, ohne unser Zutun eintretende *Zustand*, als der empfundene Drang aus der Gegenwart heraus nach der vorgestellten und antizipierten relativ

---

[1] [Vgl. Sigwart, a.a.O., S. 139 ff.: „1. a. Die Entstehung des Projekts."]

4 Zander

höheren Lust der Zukunft hin" bezeichnet (141). Dieser Drang ver-
knüpfe sich dann „ursprünglich ebenso ohne Dazwischentreten einer
Überlegung und eines bewußten Wollens, mit *Bewegungsreizen*, die,
wenn sie nicht gehemmt werden, zu wirklichen Bewegungen führen;
weshalb die Sprache den inneren Zustand durch diese äußere Folge
bezeichnen kann (ὀρέγεσθαι   streben, ver-langen)". *Sigwart* warnt sodann davor, das Begehren mit dem Wollen zu verwechseln: erst die
Reflexion auf das eigene Selbst mache aus dem passiven Begehren das
aktive Wollen.

Zweite Hauptquelle (*β*.) der Zweckgedanken seien *Aufforderungen*
von anderen durch Beispiel, Rat oder Befehl, die dritte (*γ*.) *Voraussicht*
dessen, was der Lauf der Natur oder die Tätigkeit Anderer herbeiführen
wird... sie stelle, wenn sie ein Übel verkünde, die Frage, ob wir es
hindern sollen. — Wir machen hier Halt, um bei diesem „Stadio" zu
verweilen.

§ 12.

Daß die wechselnden Gefühlszustände dem Wollen und also auch
dem Beschließen zu Grunde liegen, scheint allgemein zugestanden und
von selber evident zu sein. *Sigwart* geht aber nicht auf deren Untersuchung ein, sondern stellt nur „das aus ihnen... sich entwickelnde
Begehren" dar, das er ebenfalls einen „Zustand" nennt. Daran nehmen
wir zunächst Anstoß. Begehren, meinen wir, sollte als Bewegung, als
Tätigkeit verstanden werden. In seiner einfachsten Form ist es auf
Berührung eines Gegenstandes, auf Verbindung damit, auf Ergreifen
gerichtet. Darin und zwar in damit verbundenen Empfindungen be-
friedigt, erfüllt, vollendet es sich. Ein Zustand der Ruhe oder des Gleich-
gewichts ist dann wieder hergestellt. Denn, so meinen wir, müsse
unterschieden werden: es gibt psychische Zustände, die, so lange sie
nicht durch präsente Empfindung erhellt, oder durch Erinnerung gleichsam gehoben werden, verborgen in der Masse des Gesamtgefühles, das
wir als Lebens- oder Kraftgefühl bestimmen, ruhen, sie sind selber
Kraftgefühle. Und es gibt psychische Tätigkeiten, Bewegungen, sie sind
die Arbeit der Seele, während sich ihre Zustände mit einem Besitz vergleichen lassen. Tätigkeiten gehen immer in Zustände, Zustände immer
in Tätigkeiten über. Zustände sind ihrem Wesen nach „unbewußt",
d. h. vom Gemeingefühl eingeschlossen; sie werden bewußt, indem sie
gesondert empfunden oder erinnert werden. Tätigkeiten sind ihrem
Wesen nach bewußt und werden unbewußt, indem sie in Zustände übergehen. Wir wollen aber als schwebende Zustände solche unterscheiden,
die in Tätigkeiten überzugehen *tendieren*.

§ 13.

Der allgemeinste Ausdruck psychischer Tendenz und Tätigkeit ist es,
was neuere Psychologen als *Streben* bezeichnen, der an sich unbestimmte
Anfang des Empfindens und Vorstellens einerseits, wahrnehmbarer
Bewegungen andererseits; wenn nicht auch diese, soweit sie psychische
Leistungen sind, unter jenen begriffen werden. In einem der psychologischen Systeme[1] wird Empfindungs- und Vorstellungsstreben unterschieden; dann aber die eine Art des Strebens als qualitatives Streben hervorgehoben, wo es in der Qualität der Vorstellungen oder in ihren
qualitativen Verhältnissen zu anderen, bzw. zum „allgemeinen seelischen Leben" — das wir hier als die Masse des Gesamtgefühles verstanden — seinen Grund habe. Dagegen seien erfahrungsgemäße Strebungen die Vorstellungs- oder Empfindungsstrebungen, „welche oder
soweit sie durch den erfahrungsgemäßen Zusammenhang mit anderen,
in der Seele bereits lebendigen Vorstellungen oder Empfindungen erzeugt sind". Das qualitative Empfindungsstreben wird dann Begehren
genannt. Wir würden nun freilich das Begehren teils einschränken, teils
weiter ausdehnen. Wir meinen nämlich, daß ein Begriff notwendig ist,
und nicht wohl anders bezeichnet werden kann, der alle Tendenz und
Tätigkeit der ‚Aneignung' in sich enthält, d. h. das Streben nach einem
Zustand als Ende dieser Tätigkeit, worin Vorstellungs-Massen verbunden sind, die als Haben oder Besitzen sich auf das Begehrte beziehen; in einem Gefühle, das beim denkenden Menschen als sicheres
Meinen oder als Wissen sich erhält. Die Sache „mein zu wissen" —
dahin spricht sich das Begehren am deutlichsten aus. Es ist die *Möglichkeit* vieler angenehmer Empfindungen *und* Vorstellungen, worauf
das Streben geht, indem die Idee eines solchen Zustandes ‚vorschwebt' —
in jener Allgemeinheit und Unbestimmtheit etwa, die durch das Wort
„Glück" ausgedrückt wird. Wenn das bloße qualitative Empfindungsstreben einen besonderen Namen haben soll, so wäre dafür wohl das
Wort ‚Gelüsten' tauglicher[2]. Die Qualitäten aber von Empfindungen und
Vorstellungen, die allem Begehren zu Grunde liegen, sind ihre „Ge-
fühlsbetonungen", das Angenehme, Schöne, Gute an ihnen, und die
entgegengesetzten Qualitäten bewirken das negative Begehren oder

---

[1] [Theodor] *Lipps*, Grundtatsachen des Seelenlebens, [Bonn 1883], S. 594 ff.
[6. Abschnitt: Das Streben].

[2] [Zusatz in der Urschrift:] Wir würden sagen: mich gelüstet etwas zu tun,
d. h. nach den Empfindungen des Tuns; aber ich begehre die Sache, d. h. sie zu
haben. Das Gegenteil des Gelüstens wäre die Angst als das bloße qualitative
Widerstreben gegen nahende Empfindungen, während Scheuen wie Begehren
Vorstellungen von Gegenständen zur Voraussetzung hat. Der Säugling empfindet schon „Angst", d. h. eine unbestimmte Furcht, wenn er bald nach der
Geburt ins Badewasser gelegt wird. Aber erst das gebrannte Kind *„scheut"*
das Feuer.

Scheuen, das ebenso auf Abstoßung und Entfernung, wie das Begehren
auf Aneignung und Annäherung abzielt. Darauf deutet auch *Sigwart*
hin, wenn er von den „wechselnden Gefühlszuständen" ausgeht. Er
unterscheidet dann im Begehren das Streben von einer Unlust weg,
und das Streben nach einer Lust, nach einem Genusse hin, als Quellen
des Wollens. Nun fanden wir schon an der Stelle, wo früher dies „erste
Stadium" behandelt wurde (das hier „genauer durchgegangen" wird),
als ein unterscheidendes Merkmal der Vorstellung eines künftigen Zustandes — wir haben dafür die Vorstellung eines möglichen eigenen
Tuns eingesetzt —, die sich als möglichen Gegenstand eines Wollens
darbiete, daß sie „irgend einen Reiz für mich enthält, mein Interesse
erweckt, mir von irgend einer Seite Befriedigung verspricht, mich (nach
dem älteren Ausdruck) sollizitiert" (S. 120). Wir mögen dafür noch ein-
facher sagen: die Vorstellung muß mir gefallen, oder (mögen wir mit
einem noch allgemeineren Ausdrucke sagen) mir einleuchten, damit ich
sie in Erwägung ziehe; (denn, wie ich dazu komme, ein solches ‚Projekt'
in Erwägung zu ziehen, darum handelt es sich dort wie hier). Wie verhält sich nun die zweite Darstellung dazu? Sie *will* die ‚Wege' beschreiben, auf denen solche Vorstellungen in unser Bewußtsein treten, und
sie nennt dann als eine ‚Haupt*quelle*', aus welcher Aufforderungen zum
Wollen uns zufließen, die wechselnden Gefühlszustände und die beiden Formen des Begehrens. Nun ist es richtig, daß das Verlangen, aus
einem mißfallenden Zustande herauszukommen, unter anderen Vorstellungen möglicher Geschehnisse, und in Verbindung mit anderen, auch
Vorstellungen möglichen eigenen Tuns erregt; und damit wird eine
Antwort gegeben auf die Frage: warum leuchtet eine solche Vorstellung ein? Die andere Antwort lautet: weil durch Wahrnehmung oder
Vorstellung eines angenehmen Objektes das Streben nach dessen Genusse in mir erweckt wird. Aber wie verhält sich dazu die erste? Wenn
nun eben der mißfallende Zustand die Vorstellung des angenehmen
Objektes, folglich auch das Streben nach dessen Genusse hervorruft?
Dann ist offenbar dies nicht ein anderer, sondern ein spezieller Fall
des früheren. Zum Streben nach dem Genusse muß immer noch hinzugedacht werden: „und die Vorstellung eines dahin führenden Tuns", denn
diese ist ja der Gegenstand der Erwägung, wenn sie zum Wollen führt.
Die Vorstellung angenehmer Objekte und die ihr eventuell folgenden
Vorstellungen entspringen in der Tat sehr regelmäßig aus dem Verlangen, den mißfallenden Zustand zu verändern; ob auch aus anderer
Quelle? Nicht auch aus dem Verlangen, einen gefallenden Zustand zu
erhalten oder zu steigern? Sofern wir von menschlicher Psychologie
reden, sicherlich. Schon das Verlangen nach Ruhe, das im Zustand der
Sattheit und des Behagens sich einstellt, die Bejahung der wirklichen
und zunehmenden, angenehmen Abspannung, kann auch die Vorstel-

lung eines angenehmen Objektes, z. B. des Divans hervorrufen und das Streben nach dessen Genusse; wenn anders die angenehmen Empfindungen in bezug auf einen Gegenstand dessen Genuß heißen dürfen. Aber wenn dies Bedürfnis der Ruhe die animalisch-allgemeinere Folge eines angenehmen Zustandes unter Umständen ist — nämlich nach stattgehabter animalischer Tätigkeit — so differenziert sich dies Bedürfnis beim Menschen in die mannigfachen Bedürfnisse allgemeiner und spezieller ‚Erholung‘, die selbst wieder in animalischen, ganz besonders aber in spezifisch menschlichen, geistigen Tätigkeiten bestehen; ferner aber in Mischungen sinnlicher und geistiger Tätigkeiten, dergleichen die meisten, gröberen und feineren Genüsse darstellen, oder doch im Gefolge haben; z. B. die Aphrodisien, die Narkotika, Schauspiele, Ohrenschmäuse, Lektüre, Plauderei; das Streben nach allen Vergnügungen dieser Art ist teilweise sogar bedingt durch ein gewisses Wohlbefinden und Behagen, jedenfalls nicht dadurch ausgeschlossen.

§ 14.

Indessen, auch wenn wir diese Quellen des Gelüstens und Begehrens heranziehen, und in diesem Sinne *Sigwart* berichtigen, so ist damit die Frage nicht erschöpft: *warum* die Vorstellung eines möglichen Tuns uns so weit gefällt oder einleuchtet, daß wir sie in Erwägung ziehen? — zurückzukommen Gelegenheit haben[1]. Nun kann aber die Vorstellung eines Genusses, und dadurch mit Wahrnehmung oder Vorstellung eines Gegenstandes, wir würden lieber sagen: mit jeder Idee, die ein Lust-Element in sich enthält. Hier ist also die Vorstellung eines möglichen Tuns immer Teil einer Gesamt-Vorstellung und hierauf werden wir zurückzukommen Gelegenheit haben[1]. Nun kann aber die Vorstellung selber eine solche Idee sein, sie kann durch sich selber gefallen und dies ist offenbar die einfachere Lage des Problems. Wir finden aber nicht, daß diese bei *Sigwart* zu ihrer Geltung gelangt. Wenn wir nun untersuchen, aus welchen Gründen *überhaupt* Vorstellungen durch sich selber gefallen, so wird das Ergebnis unseren Fall einschließen. Zunächst darf allgemein ausgesprochen werden: Vorstellungen gefallen, weil die entsprechenden Wahrnehmungen und anderen Empfindungen gefallen haben, indem also solche erinnert werden. Die ‚entsprechenden‘ sind aber nicht allein die gleichen, sondern auch ähnliche, und sehr oft nur solche, die einem *Teile* der Vorstellung entsprechen, dieser aber doch den Charakter geben, wodurch sie gefällt. Wir werden also auf das noch allgemeinere Problem zurückgeworfen, warum Empfindungen

---

[1] [in § 28].

gefallen, und damit auf das Verhältnis von Empfindung und Gefühl schlechthin.

Wir gelangen damit in ein so schwieriges und umstrittenes Gebiet, daß es nicht möglich ist, in diesem Rahmen eine begründete Theorie des Gegenstandes vorzutragen. Wir müssen uns begnügen, die Ergebnisse unseres Denkens darüber als Voraussetzungen mitzuteilen.

§ 15.

Erfahrung lehrt: ob und wie sehr Empfindungen angenehm sind, das hängt von dem psychischen Gesamtzustande des Empfindenden ab. Wir sagen als allgemeinen Satz: es sind die aufbauenden oder kraft-vermehrenden Empfindungen, die gefallen, oder vom Empfindenden bejaht werden; die zerstörenden oder kraft-vermindernden Empfindungen, die mißfallen oder vom Empfindenden verneint werden.

Das Gefühl der Kraft in der Tätigkeit ist angenehm, insofern als das Kraftgefühl darin sich erhält, vollends, insofern es dadurch sich vermehrt. Nur ist in jeder Tätigkeit auch die Empfindung der Anstrengung, die des zu überwindenden Widerstandes enthalten, und dies ist für das Gefühl eine Verminderung der Kraft, daher ein Element der Unlust. In jeder Tätigkeitsempfindung sind also bejahende und verneinende Gefühle gemischt. Nun ist jede Empfindung, was immer sie sonst enthalten möge, auch Tätigkeitsempfindung; selbst wenn die Tätigkeit nur empfunden wird als Widerstand, wenn m. a. W. das Gefühl der Kraft durch das Gefühl des Widerstandes völlig ausgelöscht wird. Die Tätigkeit nennen wir in diesem Falle Leidenheit oder passive Empfindung.

§ 16.

Das Ganze des Empfindungs- und Gefühlslebens ist ein fortwährender Kampf, worin die Tätigkeiten und Leidenheiten wechseln und sich vermischen. Das jedesmalige Mischungsverhältnis ergibt den psychischen Gesamtzustand, der sich in einem gewissen Maße oder Grade von Kraftgefühl ausdrückt. Nun ist jede Empfindung um so mehr angenehm, je mehr sie Tätigkeit ist. Sie ist aber um so mehr Tätigkeit, je mehr der psychische Gesamtzustand ihr entgegenkommt, zu ihrer Aufnahme bereit ist, m. a. W. ihrer *fähig* ist, je weniger er Widerstand, also Anstrengung empfindet; das aber ist durch das Überwiegen der aktiven Empfindungen in ihm bedingt. In jedem Kraftgefühl ist das Streben nach den selbigen und denen ähnlichen Tätigkeiten, die das Kraftgefühl haben wachsen machen, wenn nämlich vorausgesetzt wird, daß jedes Organ durch die ihm entsprechenden Funktionen gewachsen ist, wie es dadurch sich erhält und sich restituiert, d. h. aber psychologisch: jedes Kraftgefühl durch die wiederholten Empfindungen der entsprechenden Tätigkeiten und der Minderungen ihrer Widerstände. Jeder Widerstand ist durch andere d. i. von dem empfundenen Gesamtzustande zu unterscheidende Empfindungen bedingt, darin enthalten. Diese anderen sind also immer partielle oder — gegenüber der Zentralempfindung, die den Gesamtzustand darstellt — lokale Empfindungen; sie sind selber mehr oder minder Kraftgefühle. Jedes Kraftgefühl ist aber psychischer Zustand, der in Tätigkeit überzugehen tendiert, ein ‚schwebender‘ Zustand; in jedem ist das Streben nach Betätigung seiner selbst, diese Betätigung also die mit dem Kraftgefühle harmonierende, weil aus ihm entspringende, angenehme Empfindung — wir nennen sie Genußempfindung, und dagegen die Hemmung solches Strebens Schmerzempfindung. Die Betätigungen des *Gesamt*gefühles sollen von ihnen als Lust, und deren Hemmungen oder Verminderungen als Unlust unterschieden werden. Daraus ergibt sich, daß die Genußempfindungen zum Lustgefühl beitragen, die Schmerzempfindungen zum Unlustgefühl, jene das Unlustgefühl, diese das Lustgefühl vermindern. Das Leben, als Betätigung psychischer Lebenskraft, ist daher an und für sich Lustgefühl, in seinem Sein wie in seiner Vermehrung; Unlustgefühl in seinem Nichtsein, wie in seiner Verminderung. Je mannigfacher daher die lokalen Empfindungen, desto wahrscheinlicher die Widersprüche zwischen ihnen, und damit die Disharmonie im Gesamtgefühle. Und was von dem gesamten Lebensgefühl, das gilt von jedem partiellen Gesamtgefühl, das sich so auf ein Gewebe oder Organ bezieht, wie jenes auf den gesamten Organismus, daher insbesondere von den Kraftgefühlen der besonderen Empfindungsgruppen, die durch Sinnesorgane vermittelt werden und in ihrer Einheit physiologisch auf das nervöse Zentralorgan bezogen werden. Das sind (psychologisch) komplexe Massen von Empfindungs-Dispositionen, die nach neuen, ihnen gleichartigen Empfindungen als nach leichten, widerstandlosen Tätigkeiten streben, und in Genußempfindungen diese bejahen. Wir bemerken eine Organ-Empfindung, die als Zucken oder als Kitzel bezeichnet, und als Trieb zur Tätigkeit gedeutet wird; die Tätigkeit selbst ist ‚Befriedigung‘ dieses bis dahin gehemmten Triebes, oder Erfüllung des darin liegenden, daraus sich entwickelnden Begehrens, das ist aber *Genuß* dieses speziellen Kraftgefühles und so eine Vermehrung der Lebens-Lust, wie im Gegenteil jede Hemmung, Unterdrückung, Verminderung eines solchen, gleich einer Leidenheit, die Lebenslust herabsetzt. Man darf sagen, daß das *Gemüt* (um den psychischen Gesamtzustand in dieser Determination

so zu nennen) zu jenen Empfindungen eine natürliche und notwendige
Beziehung hat, mit ihnen ursprünglich und wesentlich verbunden ist;
denn sie fließen aus ihm selber, sind individuell seine Nachkommen,
wie generisch seine Vorfahren. — Nun ist ferner bekannt, daß die
Annehmlichkeit aller Empfindungen durch ihre *Neuheit* erhöht wird; das
Gefühl, sagt man, stumpft dagegen ab, der ‚Reiz' verliert sich, ja, er
verkehrt sich zuweilen in sein Gegenteil; das Angenehme wird wider-
wärtig, es entsteht das ablehnende Gefühl des Ekels. Dies heißt aber
zunächst: jedes Kraftgefühl muß gut disponiert, d. h. gut ernährt sein,
um stark zu sein, und Lust zu seiner Tätigkeit zu haben; jede Tätigkeit
geht von ihm aus und tendiert zu seiner Erschöpfung; daher entspricht
und widerspricht dem Triebe zur Tätigkeit der Trieb zum Rasten, zur
Untätigkeit, sei es zur allgemeinen oder zur spezifisch antagonistischen.
Daraus entspringen andere Gruppen angenehmer und — durch Widerstände — unangenehmer Empfindungen; die früher angenehmen werden als gegnerische unangenehm und umgekehrt. Andererseits wird
aber auch jedes Kraftgefühl besser disponiert und also vermehrt durch
die Tätigkeit, wenn nämlich die entsprechende Untätigkeit ihr folgt.
Diese Vermehrung ist teils einfaches Wachstum, teils spezielle Anpassung, also Differenzierung, teils Konzentration durch Hemmung von
Nebenausgaben (Mitbewegungen). Durch vermehrte Kraft wird auch die
anfangs fremdartige und unangenehme Empfindung assimiliert, sie wird
ertragen und unter Umständen wenigstens negativ-angenehm, insofern als nämlich die Zerstörung des Komplexes, in den sie aufgenommen ist, schmerzlich empfunden wird. Ferner kommt aber diese vermehrte Kraft den natürlich angenehmen Empfindungen zu Hilfe. Diese
Wirkung gehört unter das allgemeine Gesetz der Praxis oder Übung:
Übung erleichtert. Wer aber durch Übung etwas *kann*, hat dieses Können zu einem Stücke seines Gesamtkönnens, und damit seines Wesens
gemacht. Zum Können gehört auch das Ertragenkönnen, das ‚Abge-
härtetsein'. Und wenn Gewöhnung an unangenehme ‚Eindrücke', d. h.
häufige Wiederholung solcher Empfindungen, dagegen abgehärtet hat,
so ist die ‚Ausübung' dieses Könnens alsbald wenigstens teilweise eine
angenehme Empfindung, sie ist nicht mehr bloß Leidenheit, sondern
zugleich Tätigkeit, und je mehr die Kraft wächst, desto mehr. Aber
nicht der Genuß wächst in gleichem Verhältnisse ohne Grenze, er wird
vielmehr an einem gewissen Punkte stationär und tendiert dann wieder zur Abnahme, so daß also die Gewohnheit auch *innerhalb* dieses
Prozesses ihre negative Bedeutung geltend macht. Genuß kennzeichnet
immer das Werden und Werben, er geht unter im Sein und Besitzen,
ohne doch darin zu erlöschen, er wird ‚unbewußt', d. h. potentiell, weil
und insoweit als die Tätigkeit mit der Kraft eins geworden und so in
die allgemeine Lust der Lebenskraft übergegangen ist; sein Vorhanden-

sein macht sich von nun an erst bemerkbar durch Anlässe von Störun-
gen, neuer Hemmungen, insbesondere durch die Tendenzen des Ver-
gehens und Verlierens, zumal aber durch deren Wirklichkeiten. Und
in diesen sind es wiederum die Übergänge, die als Schmerzen empfunden werden, obgleich die Verminderung der Lust, also relative Unlust
bleibt, die durch sie erzeugt wird. Sind nun also Empfindungen durch
sich selber angenehm 1. weil sie natürlich, 2. weil sie gewohnt sind, so
kommt dazu 3., weil sie gekannt werden — die gleichen oder in irgend-
welchem Grade ähnliche. Das bloße Kennen, d. h. subjektiv die Meinung, daß sie schon früher empfunden wurden, mindert ihre Unannehm-
lichkeit; es gibt ein Gefühl der Macht über sie, das dem Peinlichen der
Fremdheit und dadurch eventuell der Überraschung, der Verwunderung
und des Schreckens entgegenwirkt. War aber die Bekanntschaft eine
angenehme, die Empfindung ein Genuß, so kann zwar der Reiz des
ersten Eindruckes bei den folgenden verloren gehen, aber das Kennen
wirkt immer als eine besondere Ursache der Lust, nach Art der elementaren Kraftgefühle. Dies ist also in ihrer Wurzel dieselbe Ursache,
die als Gewohnheit aufgefaßt wurde, aber hier ist das Verhältnis des
Subjektes zu den Empfindungen ein bewußteres, d. i. mehr ein gedachtes; die herannahende und abgeschwächt oder in Stücken reproduzierte
Empfindung wird als bekannt und befreundet willkommen geheißen,
eventuell nur als solche. Hier geht der Begriff also auf der einen Seite
in die Angenehmheit von *Vorstellungen* über — denn auch diese beruht darauf, daß das Vorgestellte angenehm empfunden wurde und als
solches in der Erinnerung lebt —, auf der anderen Seite grenzt daran
die *Assoziation* mit angenehmen Empfindungen; zumal wenn diese eine
Vermischung oder Verschmelzung ist, woraus die einzelne nicht völlig
gesondert herauserkannt wird. Denn nun kann eine deutliche Reproduktion dieser einzelnen, *als einer angenehmen* stattfinden, ohne daß
zugleich unterschieden wird, ob der Lustton ursprünglich an ihr selber
haftet, oder nur aus ihrer Gesellschaft sich mitgeteilt hat. Wir kommen
somit auf die Idee einer Gesamtempfindung, und dadurch auf die einer
Gesamtvorstellung zurück.

§ 17.

Wir waren aber von der Frage ausgegangen, warum *Vorstellungen*
durch sich selber angenehm seien[1] und haben diese zunächst auf Empfindungen zurückgeführt. Nun hat aber das selbständige Vorstellungs-

---

[1] [Die Frage, „warum Vorstellungen durch sich selber angenehm seien",
korrespondiert deutlich der Frage des Hobbes, warum es dümmere und intel-
ligentere Menschen gibt, worauf Hobbes die Antwort erteilt, daß der intel-
ligente Mensch die Beschäftigung mit geistigen und intellektuellen Objekten

leben schon in der Seele des verständigen Tieres, vollends aber in der
des Menschen einen so großen Umfang und so mächtige Bedeutung, daß
es vielfach als das Seelenleben, oder als der Geist schlechthin den ‚körperlichen‘ Empfindungen und Gefühlen gegenüber und vielmehr über
sie gestellt wird. Im Menschen wächst dieser Umfang und diese Bedeutung besonders durch den Gebrauch von Wortzeichen, d. h. durch
deren Assoziationen mit Vorstellungen bestimmten und unbestimmten
Charakters, die folglich durch sie (die Wortzeichen) repräsentiert, zur
gegenseitigen Mitteilung, aber auch zur Aufbewahrung, Ordnung und
Erneuerung so viel geeigneter werden. In der Tat beruht auf dem so
erweiterten Vorstellungsleben alle spezifisch menschliche Tätigkeit, die
wir in zwei große Kategorien scheiden 1. die Rede selber, mit Einschluß der stummen Rede, in der sich alle Phantasie und alles (logische)
Denken ergeht, 2. die Arbeit, als formgebende, vorstellungsgemäße Veränderung von Materie. An der Rede, wie an der Arbeit, sofern sie mehr
als mechanische Wirkungen darstellt, sind die Vorstellungselemente
durchaus das Wesentliche und Wirksame, wenn auch Empfindungen
hinzukommen und das Entstehen der Vorstellungen mitbedingen. Denn
außer jenen müssen die Dispositionen dazu gegeben sein, und diese sind
es, die als Kraftgefühl, Anlagen, angeborene Fähigkeiten zu solchen
Tätigkeiten drängen, sich darin versuchen und üben. Gefördert werden diese ‚geistigen‘ Neigungen durch elementarere physische Triebe,
durch darin wurzelndes Begehren und Scheuen, also durch empfundene
und erkannte Bedürfnisse und daraus entspringende Vorstellungen von
Nutzen oder Zweck, d. h. durch erwartete *Erfolge* jener vernünftigen
Tätigkeiten. Es ist aber ein großer Irrtum, wenn angenommen wird,
daß die Lust an ihnen und zu ihnen, immer oder doch ursprünglich aus
ihrer Verbindung mit angenehmen Empfindungen, die sie im Gefolge
haben, bezogen werde. Vielmehr enthält das Vorstellungsleben und das
vernünftige Denken seine eigentümlichen Keime von Genüssen, die aus
demselben Boden sich nähren, wie die einfachen und nackten Empfindungen, nämlich 1. aus der Natürlichkeit und Leichtigkeit, womit sie
sich einstellen — diese ergeben das Gefühl der *Freiheit* im Denken, der
Herrschaft über ein unveräußerliches Eigentum — zumal im Gebrauche
zur Schaffung oder Erfindung eines Werkes ‚nach eigener Idee‘ 2. aus
der Gewöhnung an ihre Ausübung und dadurch wachsende Sicherheit
und Vertrautheit, 3. aus dem bloßen Kennen und dem gerade in diesem
Gebiete oft ausschließlich darauf beruhenden Können. Man kennt ein
Verfahren, d. h, man weiß, wie etwas gemacht werden muß, um *richtig*

---

sucht, während der Dumme sich der Sinnesfreude und dem „augenblicklichen
Genuß" hinzugeben pflegt. — Vgl. Thomas Hobbes, Naturrecht und allgemeines Staatsrecht in den Anfangsgründen, I. Teil, Kap. X. — Auch die
von Tönnies in der TdW insgesamt angezogene Distinktion zwischen *Tätigkeit* und *Zustand* entstammt wohl dem Hobbesischen Denken.]

gemacht zu werden; dies ist immer eine Quelle der Freude an sich selber, des Stolzes und Machtgefühles. Auch das bloße Verstehen z. B.
einer fremden Sprache, ist in diesem Sinne angenehme Vorstellung —
wie denn auch sonst an diesem rein geistigen Produkte, an der Sprache,
das hier Vorgetragene am leichtesten sich demonstrieren läßt. Die
‚Muttersprache‘ zu hören und zu reden ist an und für sich angenehm —
sie gewährt allen Gefühlen und Vorstellungen einen leichten Abfluß,
in ihren Tönen, auch wenn nur das innere Ohr sie vernimmt, lösen sich
die Spannungen, klären sich die dunklen und verworrenen Strebungen
der Seele. Und auch jede andere Sprache wird durch den Gebrauch ein
liebes Instrument, das die Muttersprache ersetzen kann, zumal wenn sie
dieser verwandt ist. Überhaupt wird, wer eine Sprache kennt, in der
Regel sie gern ausüben, sei es hörend, lesend oder sprechend. Und hier
ist nicht die Lust an den sinnlichen Empfindungen bestimmend — man
findet vielleicht eine nicht verstandene Sprache wohlklingender — sondern die Lust an den Vorstellungen, das Gefühl der eigenen Kraft und
Tätigkeit im stetig erneuerten Wiedererkennen der Worte, d. h. in der
Verwandlung ihrer aufgefaßten oder einfallenden Klangbilder in die
begleitenden oder erweckten Gedanken, und umgekehrt. — Indessen
ist das alles, und das lusthafte Verhalten zu den eigenen Vorstellungen,
noch deutlicher, wenn es um die Ausübung einer Kunst, die als solche
bewußt ist, sich handelt. Am stärksten wirkt hier immer der natürliche
Hang, die angeborene Neigung, die z. B. den Musikalisch-Begabten zum
Erfinden von Melodien treibt, während ein Anderer die Gestalten seiner
Fantasie in gezeichneten Umrissen auf die Ebene zu projizieren liebt.
Demnächst aber wird jede Beschäftigung, die irgendwie den Genuß
des eigenen Könnens verleiht, als gewohnte erfreulich, und unter Umständen, die ihre Ausübung dauernd verbieten, schmerzlich entbehrt.
Offenbar aber sind es weder die in Nervenenden verlegten, noch die
Muskelempfindungen beim Lesen und Schreiben, die etwa den Gelehrten an seinen Schreibtisch fesseln, sondern die süße Gewohnheit mit
den ihn umschwebenden Geistern, d. h. mit seinen Vorstellungen, zu
verkehren. Endlich ist auch das bloße Kennen irgendwelcher Tätigkeit,
die durch Vorstellungen geleitet wird, eine Quelle des Genusses. Der
Vagabund oder Dieb, für den es längst keine gewohnte Beschäftigung
mehr gibt, wird, zur Arbeit gezwungen, mit weit mehr Lust und Liebe
das Handwerk ausüben, das er einmal erlernt hatte, als zu irgend einer
ihm fremden, wenn auch leicht erlernbaren und mechanisch weniger
anstrengenden Tätigkeit sich bequemen. Die mechanische Anstrengung
liegt in der Empfindung, aber die Lust an der bekannten Hantierung in
der Vorstellung. —

§ 18.

Bis hierher ist nun immer das Psychologische *rein* aufgefaßt worden, es gab für diesen Standpunkt äußere Dinge oder Körper, und also auch zum Nicht-Ich gehörige *Personen*, nur als Empfundenes und Vorgestelltes. Nun setzt aber die Seele selber solche als von sich verschieden und wirklich, und macht folglich auch aus ihrem Verhalten zu eigenen Empfindungen und Vorstellungen ein Verhalten zu den „Dingen". Die Dinge werden als Ursachen angenehmer Empfindungen und Vorstellungen gedacht, sie sind selber angenehm, auf sie richtet sich das Begehren, für sie rührt sich die Sorge. Wichtig in dieser Betrachtung sind vor allem die Verhältnisse des Menschen zu Menschen. Und wir bemerken rasch, wie die gefundenen Prinzipien sich darauf anwenden lassen. Auch hier ist ein ursprüngliches Moment die instinktive Liebe, die mit dem Gefühle der Macht und der Neigung zu herrschen und zu walten so tief zusammen hängt; ein abgeleitetes die Gewohnheit, die, zumal auf jener Basis, festeste Bande um die Menschen schlingt; endlich ist die bloße Bekanntschaft, wenn sie nicht durch üble Assoziationen verleidet ist, an und für sich angenehm; sie wirkt der natürlichen Furcht und Unsicherheit entgegen. Und dafür ist nicht das individuelle Kennen allein entscheidend, sondern es genügt oft die Bekanntheit der gemeinsamen und allgemeinen Merkmale, an denen der Einzelne teilhat, um ihn ‚akzeptabel' erscheinen zu lassen.

§ 19.

Nun fanden wir, daß *Sigwart* neben dem individuellen Ursprunge der *Anregungen zum Wollen* (wie wir in seinem Sinne sagen mögen) auch den sozialen Ursprung heranzieht: „die Aufforderungen von Andern durch Beispiel, Rat oder Befehl". In Wahrheit ist das Leben des Menschen so tief in ein soziales Leben eingebettet, daß das Streben und Wollen des Einzelnen nicht nur mit dem Streben und Wollen *Anderer* fortwährende Wechselwirkung unterhält, sondern auch durch Streben und Wollen, das ihm mit Anderen *gemeinsam* ist, in hohem Grade bedingt wird, wie es dieses mitbedingt. Ob ihm als Sitte oder als Gesetz, als Mode oder als Religionsvorschrift, als Meinungen und Vorurteile seiner Familie, Standes- oder Berufsgenossen, solches Wollen begegnet, ihn geleitet, oder ihm entgegentritt — in der Regel ist es ein Wollen, worin sein eigenes Wollen mitenthalten ist, ein Meinen und Urteilen, dem er innerlich zustimmt, das er als richtig und mindestens als *gültig* anerkennt; wie peinlich er auch im gegebenen Falle dadurch getroffen oder gehemmt werden möge, in einem anderen Falle von ähnlicher Art wird er selber das gleiche Wollen verwehrend oder ermunternd, beifallend oder verurteilend geltend machen. Allerdings aber stellt dieser „objektive Geist" gar vielfach seine Fragen, richtet seine Aufforderungen und Ratschläge an das einzelne Subjekt; wir sehen aber hier ab von den Fällen, wo er strikte ‚befiehlt' und unreflektierten Gehorsam findet — denn da kann von einem folgenden individuellen ‚Wollen' kaum mehr die Rede sein, es ist vielleicht auch im Subjekte nur ein ‚Sollen' vorhanden. Übrigens aber führen gerade diese Fälle zu den eingehendsten Erwägungen, weil sie so leicht einen Streit und Konflikt mit den individuellen Begehrungen, Gewohnheiten, Ansichten ergeben, im typischen Falle den Konflikt von Pflicht und Neigung, aber oft auch zwischen Pflichten verschiedener Ordnung, oder so, daß gewisse Pflichtgefühle die Neigung unterstützen, andere ihr widersprechen und dgl. Der Konflikt kann nun von der einen oder von der anderen Seite seinen Ausgang nehmen: z. B. von der Neigung, eine Mesalliance einzugehen, oder von der Pflicht, eine standesgemäße Heirat zu machen. *Sigwart* kommt auf diese Fälle erst einige Seiten später (S. 146), wo er die Erwägung des „Soll ich?" näher erörtert, zu reden; er meint, es trete hier eine ‚Unvollendbarkeit' ein, das überlegende Denken könne nicht zu einem bestimmten Ja oder Nein kommen, weil es sich auf inkommensurable Interessen beziehe. Hier wird ein richtiger Gedanke, den wir an anderer Stelle aufnehmen[1], angedeutet; daß aber die Erwägung in solchen Fällen unvollendbar sei, darf nicht zugegeben werden. Denkend *versuchen* wir die Objekte auf ein gemeinsames Maß zu beziehen, und wenn das Denken ein Erwägen ist, so *müssen* wir die möglichen Tätigkeiten (bzw. das Tun und das Unterlassen einer Handlung) miteinander vergleichen in Hinsicht auf die uns willkommenen oder unwillkommenen Empfindungen, die mit ihnen verbunden sind, und die als ihre Folgen mit mehr oder minder Gewißheit erwartet werden. Wie dies geschehe, und wie weit es gelinge, ob auch nur dies Denken als richtiges Denken *möglich* sei, ist eine andere Frage. Tatsächlich geschieht es in Konflikten *jeder Art*, und je mehr dies Denken ein kaltes und nüchternes ist, desto mehr wird es „sich alles klar machen" und auch die eigenen Gemüts- und Charaktereigenschaften in Rechnung ziehen, um das Gewicht zu erwartender Lasten und Annehmlichkeiten richtig zu schätzen. Solche Erwägung ist z. B. auch in einem Konflikte zwischen Pflicht und Neigung keineswegs ausgeschlossen, selbst wenn der Erwägende erkannt hat, daß ‚Imponderabilien' dabei im Spiele sind. Solches Denken ist um so mehr Denken, je weiter es sich ausdehnt, und dies wird immer heißen: je mehr es auch entfernte *Folgen* ins Auge faßt; daher ist es ihm natürlich, daß die Annehmlichkeiten und Unannehmlichkeiten des Tuns selber, als in der Regel konstante Daten, immer weniger ins Gewicht

---

[1] [Vgl. weiter unten § 36.]

fallen, ja zu quantités négligeables werden. Und ferner: da rohes Denken immer leichter, also wahrscheinlicher ist, als feines, so wird der Erwägende sich zumeist an die faßlichen, objektiven, sinnlichen Folgen halten und als solche bieten immer die äußeren ‚materiellen' Vorteile und Nachteile sich dar, unter ihnen wiederum am augenfälligsten vergleichbar, ja zumeist quantitativ meßbar, die in Besitzgütern sich darstellenden. Wie weit nun der Erwägende in solchem Konflikte sein gröberes oder feineres Denken entscheiden läßt, ob er nach dessen Ergebnis *sich richtet*, das ist jedesmal durch seine Person, insbesondere durch seinen Charakter, aber auch durch seine äußere und innere Lage bedingt; die Beobachtung wird hier wie überall gewisse Regelmäßigkeiten aufweisen, ja gewisse Tendenzen der Entwicklung. Aber daran müssen wir hier vorbeigehen; genug, es liegt nichts Unvollendbares in der *Sache,* vielmehr sind solche Konflikte gerade, wenn sie kalt und nüchtern beurteilt werden, oft *sehr leicht* zu erledigen; wenn z. B. was Pflicht zu gebieten scheint, mit Erhaltung der gesellschaftlichen Stellung und allen Chancen der Karriere verbunden ist, während auf der anderen Seite „nur" eine starke und ehrliche Neigung steht, vielleicht unterstützt durch ein individuelles, von keiner gesellschaftlichen Autorität geachtetes Pflichtgefühl (einen „kategorischen Imperativ"): so wird in der Regel der Besonnene selber finden, daß „alle Vernunft" auf jener Seite wirksam sei, und, wenn er doch seiner Neigung folgt, zuweilen wie im Traum oder im Rausche handelnd sich vorkommen. Wir können hier nicht ausmachen, wie häufig oder wie selten es sei, auch nicht wie es bei verschiedenen *Kategorien* von Menschen mehr oder minder wahrscheinlich sei; ebenso nicht wie die ‚Vernunft' in solchen Fällen ethisch beurteilt werden solle. Hier war nur auf die sozialen Mächte als Ursachen von Konflikten hinzuweisen, und wir fügen hinzu, daß Beispiel und Rat anderer Individuen zum großen Teile nur aus dem Grunde wirksam sind, *weil* sich jene sozialen Mächte gleichsam dieses Sprachrohres bedienen, zuweilen aber auch, weil die *individuellen* Interessen in den äußeren Vorteilen einer Handlungsweise in Beispielen sichtbar und durch Ratschläge klar werden; wenn, z. B., das üppige Leben eines Kameraden, dessen dieser durch eine Geldheirat fähig geworden ist, zur Nachahmung reizt, oder wenn ein ‚praktischer' Freund in dieser Hinsicht den guten Rat gibt, über die kleinen Schönheitsfehler der Millionärstochter hinwegzusehen und entschlossen „in den sauren Apfel zu beißen". — Auch Befehl und (dessen gelindere Form) Geheiß eines Anderen ist in der Regel durch eine soziale Macht nicht allein gedeckt, sondern direkt autorisiert; oder beruht in besonderen Verhältnissen erzwungener oder freiwilliger Unterordnung der Person — hier können, bei Anwendung auf moderne Lebensbedingungen, durch den Befehl eines Vaters und das Geheiß eines Arztes die Grenzen etwa bezeichnet werden. In beiden

Fällen ist der Erwägung „Gehorchen oder Nichtgehorchen?" Spielraum
gelassen. — Wenn *Sigwart* endlich Voraussicht von Übeln und die Frage,
ob wir es hindern sollen, als Anregung zum Wollen erwähnt, so finden
wir, daß dadurch nur ein spezieller Fall solcher Gesamtvorstellungen
angegeben wird, die sich in die Vorstellung eines Zweckes und einer bestimmten Tätigkeit als Mittels auflösen: die Abwehr des Übels — z. B.
eindringender Wasserflut — ist der Zweck, Bauen eines Dammes ist das
Mittel. Dies also schieben wir in spätere Betrachtung.

§ 20.

Von dem 1. b. *Stadium der Überlegung* sub (α.), *Soll ich?*, das *Sigwart*[1] zunächst wieder aufnimmt, haben wir ein Stück schon voraus-
genommen. Treffend wird aber hier im Anfange ausgeführt: daß in
vielen Fällen das Stadium der Überlegung kaum zum Bewußtsein
komme, weil die Prämissen zu einem großen Teile feststehen: „allgemeine Zwecke und Regeln, aus denen die Bejahung eines speziellen
Zweckgedankens mit logischer Notwendigkeit ... zweifellos erfolgt, sobald die Subsumtion des vorliegenden Einzelfalls vollzogen ist". „In
anderen Fällen wird die Bejahung ... herbeigeführt dadurch, daß
einem lebhaften ... Begehren die Reflexion nur keine Hemmung entgegenzusetzen weiß." „Ebenso wird ... ob ich etwas hindern soll, entweder der schon festgestellte allgemeine Zweck entscheiden, den das
drohende Ereignis vereiteln würde, oder eine lebhafte Abneigung gegen eine Unlust." — Wir haben diesen Sätzen im Augenblick nichts
hinzuzufügen.

§ 21.

Sub (β.) wird die Frage: *kann ich?* nunmehr dahin präzisiert, daß
es sich um die bloß physische Möglichkeit, nicht um die sogenannte
moralische, die unter die vorige Frage falle, dabei handle. Wir haben
früher ausgeführt, daß die Erwägung der Schwierigkeiten und Förde-
rungen eines ‚Projektes' nicht von der Unsicherheit über das Soll ich?
trennbar, und oft für diese Frage entscheidend sei. Wenn aber die
verschiedenen Arten der Möglichkeit unterschieden werden, so können
wir mit der bloßen Einteilung in physische und moralische Möglichkeit
uns nicht zufrieden geben. Allerdings unterscheiden wir physische und
moralische, d. h. geistige, *Fähigkeiten;* ob ich aber etwas zu leisten ver-

---

[1] [Vgl. Sigwart, a.a.O., S. 144 ff.: „1. b. Das Stadium der Überlegung".]

möge, das hängt nicht nur von meinen Fähigkeiten, sondern auch von den Fähigkeiten und dem Wollen anderer Menschen, auf deren Hilfe oder Gunst ich angewiesen bin, ab, ferner überhaupt von dem Verhältnis der fördernden zu den hemmenden Umständen. Und hier muß gar oft zu dem Können das Dürfen oder gar das Sollen hinzukommen, d. h. die Zulassung oder das Gebot solcher Autoritäten, (physischer oder moralischer Personen), die ein mich bedingendes oder bestimmendes Wollen tatsächlich geltend machen; und als solche Autorität kann ich etwa auch mein eigenes ‚Gewissen‘ achten und befragen. Allen diesen Instanzen gegenüber handelt es sich allerdings um ein moralisches Können (denn auch das Sollen kann unter diesem Begriffe gedacht werden; das Gefühl des Sollens ist zugleich ein Gefühl des sicheren moralischen Könnens); aber um ein solches von ganz anderer Art, als das durch intellektuelle *Fähigkeiten* — in denen wir sittliche, als: Energie, Fleiß, Mut einschließen — dargestellte. Endlich bemerken wir noch, wie nahe oft Neigung und Fähigsein oder (in jedem Sinne) In-der-Lage-Sein, einander stehen, und wie diese Nähe durch das deutsche Wort *Mögen* in seiner charakteristischen Zweideutigkeit bezeichnet wird, das sogar auf das moralische Können im angezeigten *besonderen* Sinne Anwendung findet. „Mag ich?“ ist sozusagen die Urfrage, in ihrer schwebenden Unbestimmtheit, aus der alle besonderen Prüfungen des Tatbestandes abgeleitet werden können. —

§ 22.

Und wenn wir die Faktoren, die ein bestimmtes Tun, also auch das Wollen dieses Tuns, erleichtern, befördern, oder logisch wahrscheinlicher machen, von den entgegengesetzten unterscheiden, so gehört zu jenen ebenso die Neigung, resp. mindere Abneigung, wie das Können in *jedem* Sinne; und das konstante oder eventuelle Geneigtsein kann ebensowohl unter dem Fähigsein begriffen werden, wie das moralische Können zu den Dispositionen gehört. Wenn alle Faktoren gegeben sind — subjektive, ejektive und objektive — so erfolgt das wirkliche Tun. Zum wirklichen Beschließen u.dgl., mithin zum Wollen, sind hingegen nur direkt-subjektive Faktoren erforderlich. Allzu oft finden wir, daß dies Wollen-Können mit dem entsprechenden Tun-Können verwechselt wird. Das Beschließen ist in Wahrheit eine selbständige psychische Tätigkeit (wie das Urteilen) — aber das zu Beschließende muß möglich scheinen, d. h. man muß — im Augenblick des Beschließens — sich dazu für fähig halten, sich es zutrauen, und muß wenigstens nicht eine unüberwindliche Abneigung dagegen haben, d. h. das etwaige Unangenehme der Vorstellung muß durch assoziierte

Vorstellungen mindestens kompensiert werden; dies aber ist nichts anderes, als sich „moralisch", nämlich durch die Kraft seiner Vorstellungskomplexe, für fähig halten. Diese also müssen schon vorhanden sein, und im Verein mit Gefühl und Meinung das Fähigsein zum Beschließen drängen; sie disponieren dazu, wie zum wirklichen Tun das Wollen disponiert. In Dispositionen können wir also alle subjektiven Requisite, sowohl des Beschließens, als anderen Tuns auflösen. Zugleich erhellt, wie sehr in dieser Hinsicht die Tätigkeit des Beschließens und die des *entsprechenden* Tuns — der Ausführung des Beschließens — auseinandergehen. Mancher *ist* fähig, abscheuliche Beschlüsse zu fassen, weil er sich für fähig *hält*, das Abscheuliche zu tun. Er faßt wirklich solche Beschlüsse, tut aber niemals dergleichen. Noch stärker bemerken wir den Unterschied bei guten „Vorsätzen". Man *hält* sich für fähig, Versuchungen Widerstand zu leisten; man ist es seltener, d. h. die reizenden Vorstellungskomplexe erscheinen aus der Ferne (resp. *als* Vorstellungen im Vergleiche mit den entsprechenden Empfindungen) schwächer, die hemmenden erscheinen stärker, als sie in Wahrheit sind. Diese irrige Schätzung disponiert aber gerade zu guten Vorsätzen. — Wenn alles Tun, ebenso wie das Denken, also Beschließen, Vorsätze fassen usw., rein als psychologische Tatsache ins Auge gefaßt wird, so unterscheiden sich die Dispositionen dahin, daß dort Empfindungen, hier Vorstellungen überwiegen. Und die *Gefühle* lösen sich leichter ab von diesen, als von jenen.

§ 23.

Nun aber 1. c. die ,Willensentscheidung'[1]! Hier führt uns die zweite Lesung (wie wir sie nennen mögen) der Sigwartschen Analyse zunächst in die *Synonymik* der Wörter ein, die in deutscher Sprache das Wollen oder dessen Entstehung bezeichnen. Wir übergehen hier diesen ganzen Abschnitt, den wir nicht für gleichgültig halten, aber in den Exkurs[2] verwiesen haben, und setzen da wieder ein, wo *Sigwart* an seine Bemerkungen über das Gefühl der Freiheit beim Entschlusse, eine kurze Erörterung der deterministischen und der indeterministischen Lehre anknüpft. Ohne ausdrücklich sich für jene auszusprechen[3], erklärt er doch die Frage für unabweisbar, was die Ursache sei, die den

---

[1] [Vgl. Sigwart, a.a.O., S. 149 ff.: „1. c. Die Willensentscheidung".]

[2] [Der „Exkurs" ist im Anhang abgedruckt.]

[3] [In Wahrheit ist Sigwarts Einstellung zur „Willensfreiheit" gespalten: er erkennt den Determinismus als methodische „Forschungsdirektive" an, stellt sich aber „in letzter Linie durchaus auf den Boden des Indeterminismus". Vgl. Sigwart, Logik, II, 5. Aufl., Tübingen 1924, S. 868.]

Menschen bestimmt, einen irgendwie entstandenen Gedanken eines
Zukünftigen zu *seinem* „Zwecke" zu machen, d. h. zu wollen; „und in
der Erkenntnis, daß diese Ursache nicht *derselben Art* ist, wie die mechanischen Bewegungsursachen in der äußeren unbeseelten Natur, ist
noch nicht enthalten, daß sie nicht doch in demselben Sinne Ursache
sei, daß es nicht *Naturgesetze* gebe, die nur jetzt (lies: nun aber) in der
psychischen Natur des Menschen gegründet sind" (S. 156). „Der Schein,
als ob der Zweck als solcher den Grund des Wollens enthalte, entsteht
nur, wenn zweierlei Wollen verwechselt wird, das Wollen des Zwecks
und das Wollen der auf seine Hervorbringung gerichteten Handlung;
für diese allerdings liegt der Grund ... in dem vorangehenden Wollen
des Zwecks" (S. 158). „An diesem Punkte" — heißt es dann weiter —
„begegnet uns der vieldeutig schillernde Ausdruck ‚Motiv.'" Wo man
sich der Determination *bewußt* sei, da sei das Motiv eines bestimmten
Wollens unmittelbar nichts anderes, als der *letzte Zweck*, der durch
dieses Wollen erreicht wird, und den man ein für allemal anerkannt
habe — wiederum durch ein Wollen. Die Aufsuchung der psychologischen Ursachen gehe aber weiter zurück auf die natürliche Basis, aus
der das Wollen solcher Endzwecke entspringe, einerseits auf die einzelnen Gefühlszustände, aus denen es regelmäßig hervorgehe, und wei-
terhin auf die Natur des Subjekts, vermöge deren diese eintreten, andererseits auf die äußeren Veranlassungen dieser Gefühle. Beispiel:
Motiv eines Almosens: — Wille, dem Bedrängten zu helfen — entspringt aus Mitleid — dieser momentane Gefühlszustand wird erregt,
weil der Geber gutmütig ist — und andererseits erregt durch den Anblick der Not. So gehe die kausale Erklärung „zurück auf das, was wir
Trieb nennen, um den dauernden Grund zu bezeichnen, vermöge dessen
die Vorstellungen bestimmter Richtungen und Erfolge unseres Tuns
einen Reiz auf uns üben und mit der Erwartung der Befriedigung verbunden sind ...; Triebe, die teils allgemein menschliche, teils individuell verschiedene sind. Diese Triebe als solche kommen uns nicht zum
Bewußtsein" (S. 160).

§ 24.

Die Analyse der Tatsache des Wollens kann allerdings die Erfor-
schung von Ursachen, Gründen, Motiven des Wollens nicht um-
gehen; und wenn wir genauer zusehen, so bemerken wir, daß unser
Autor dieser Forschung schon sich zugewandt hatte, wenn er anfing,
„die Art und Weise, wie die einzelnen Stadien des ganzen Prozesses zustande kommen", „die Entstehung des Projektes" und also „die Wege,
auf denen die möglichen Objekte unserer Willensentscheidung ... in
unser Bewußtsein treten" (S. 139 f.) zu seinem Thema zu machen. Denn

alles dies betrifft doch schon das Problem „Genesis des Wollens" und also die etwaigen Ursachen, Gründe, Motive eines Be- oder Entschlusses, eines Vorsatzes, usw.

Nur *eine* Frage, die damit im Zusammenhange stehend, an sich bedeutend genug ist, scheint die Analyse des Wollens nicht *direkt* anzugehen, die Frage, ob und in welchem Sinne dem Zusammenhange zwischen einem Wollen und seinen Ursachen oder Gründen *Notwendigkeit* beiwohne; also die eigentliche Streitfrage der Willensfreiheit, die auch *Sigwart* nur streift.

§ 25.

Sigwart hat recht, wenn er den Ausdruck Motiv vieldeutig-schillernd nennt. Aber wir finden nicht, daß er bemüht ist, den Inhalt dieses Ausdruckes durch einen eindeutigen *Begriff* zu ersetzen. Ja, wenn er in dem angeführten Beispiele meint, jedes der einzelnen Daten: Wille zu helfen, Mitleid, Gutmütigkeit des Charakters, Anblick der Not, könne Motiv genannt werden, so tut er der Sprache Unrecht, die den Ausdruck in *so* vieldeutiger Weise *nicht* anwendet. Denn in der Hauptsache beschränkt sich die Vieldeutigkeit auf Zweideutigkeit, indem allerdings sowohl der jedesmalige Gefühlszustand, als die Disposition zu solchen Gefühlen, Motiv genannt zu werden pflegen. Hingegen bemerkt er nicht die besondere Schwäche der Sprache, die dieser Zweideutigkeit zu Grunde liegt, oder doch sie begünstigt, daß nämlich oft die einzelnen ‚Eigenschaften des Gemütes' und bloße „Gemütsbewegungen" den gleichen Namen tragen, anscheinend also gar nicht unterschieden werden; so trifft es sich in dem anderen, von *Sigwart* angeführten Beispiele[1], daß Rachsucht und Rachgier sowohl die durch besondere Ursachen hervorgerufene *Erregung* der Gefühle und Gedanken, als auch den dauernden „Charakterzug", die *beständige* Disposition eines Menschen bedeuten; eine Disposition, die also bei jeder irgendwie fördernden *Gelegenheit* hervorbricht, ja der Gelegenheit harrt, um sich zu betätigen und in Taten zu befriedigen. Wenngleich diese letzte Bedeutung überwiegt, so wird doch, gerade, wenn das ‚Motiv' eines Entschlusses gesucht wird, Rachsucht auch dann angeführt, wenn nur gemeint ist, daß der *Wunsch* Rache zu nehmen, im gegebenen, einzelnen Falle, vorliege, und keineswegs auf einen rachsüchtigen *Menschen* schließen lasse. — So auch in jenem ersten Beispiele: Der Gutmütige wird nicht selten schlechthin mitleidig genannt, der Boshafte schadenfroh, obgleich auch jener gelegentlich Schadenfreude, auch dieser gelegentlich Mitleid empfinden kann.

---

[1] [Sigwart, a.a.O., S. 159 f.]

Es scheint aber geboten, nur die Erregung, den *akuten* Zustand, eventuell als Motiv oder Beweggrund, zu verstehen, wenn anders dieser Name etwas bedeuten soll, das möglicherweise, gleich einer anderen Empfindung, Wahrnehmung oder Vorstellung, auf jeden Menschen ursächlich wirke, auch wenn es nicht zum Wollen oder sogar zum Handeln führe.

Das eigentliche Problem, das aber bei Untersuchung der Motive sich auftut, das wir daher auch schon mit *Sigwart*, in früheren ‚Stadien‘ seiner Analyse berührt haben, ist das Verhältnis der Gefühle zum Denken in der Entstehung des Wollens.

Damit hängt nahe zusammen, was wir über das „Wollen des Zwekkes" und die Sigwartsche Identifizierung von ‚Wollen‘ und ‚zu seinem Zwecke machen‘ teils schon bemerkt haben, teils von neuem auszuführen gedenken.

§ 26.

Wir haben uns dahin erklärt, daß ein Wollen wohl Grund, aber nicht Zweck eines anderen Wollens sein könne; und haben unterschieden, ob eine Tätigkeit als Gegenstand eines Wollens oder als Gegenstand eines Wünschens gedacht wird; ferner, ob die Tätigkeit selber, oder die Gelegenheit und Möglichkeit ihrer, als Wirkung einer anderen Tätigkeit vorgestellt wird; endlich, ob eine vorausgehende Tätigkeit, oder das Wollen dieser Tätigkeit als ‚Mittel‘ zu verstehen sei (S. 43). Wir haben ferner den Inhalt des Wollens vom Zweck des Wollens unterschieden und damit geleugnet, daß jedes Gewollte als solches ein Zweck zu nennen sei (S. 43). Wir stellen nun den Satz daneben, daß nicht jedes Setzen eines Zweckes ein Wollen ist.

Zu einer neuen Erörterung finden wir auch dadurch uns aufgefordert, daß *Sigwart* (in dem übergangenen Abschnitte)[1] die Unterscheidung des Wollens vom Wünschen heranzieht, und daß er selber davor warnt, das Wollen des Zwecks und das Wollen der auf seine Hervorbringung gerichteten Handlung zu verwechseln. Wir meinen nämlich, daß beide Unterscheidungen allerdings wichtig sind, und daß die Sigwartsche Analyse eben den Fehler enthält, als Inhalt des Wollens bald ein bestimmtes Tun oder Handeln (in der Regel = einem Mittel), bald die Wirkung, die solches Tun oder Handeln nach Wunsch und Meinung des Wollenden haben wird (in der Regel = einem Zwecke) voraussetzen zu lassen.

---

[1] [Vgl. Sigwart, a.a.O., S. 127 ff.: „2. ... der Prozeß der Verwirklichung des Zwecks".]

§ 27.

Wir müssen daran festhalten, daß sich Wollen direkt nur auf Tätigkeiten beziehen kann (deren der Wollende sich fähig fühlt oder meint),
und daß alle Erfolge oder Wirkungen dieser Tätigkeiten entweder
Gegenstände bloßer Gefühle oder bloßer Gedanken oder einer Mischung
beider sind. Sie unterscheiden sich in dieser Beziehung nicht von anderen zukünftigen Geschehnissen, auf die sich Gefühle als Wünsche,
Gedanken als Erwartungen, Mischungen beider als Hoffnungen oder
Befürchtungen richten. Es kann aber allerdings die erwartete und erwünschte Wirkung als Idee mit der Idee eigener Tätigkeit zu einem
Ganzen verschmelzen, und dies wird um so eher eintreten, je mehr
man sich solcher Wirkung *sicher* fühlt oder meint. Die Tätigkeit selber
kann als solche Wirkung und nur der Impuls, der als ihre Ursache gedacht wird, als das eigentlich Wollbare gedacht werden, aber dies
steht hier nicht zur Erörterung, obwohl wir anerkennen, daß es auch
bei der Begrenzung der Tätigkeit, die wir als Inhalt des Wollens denken, um eine willkürliche Scheidung sich handelt. Diese Scheidung hat
aber um so mehr Grund, je mehr der Erfolg oder die Wirkung als von
der Tätigkeit *verschieden gedacht* wird, und zwar von dem Wollenden selber gedacht wird. Dies ist aber der Punkt, auf den hier ein ent-
scheidendes Gewicht fällt.

Denn — in Übereinstimmung mit dem philosophischen Gebrauche —
setzen wir dies als wesentliches Merkmal des Begriffes ‚Zweck‘, daß
er die erwartete und erwünschte *Wirkung* darstelle von etwas, das gewollt werden kann, nicht also zu diesem selbst gehöre, daß also im
Denken des Wollenden beides klar und deutlich auseinander falle und
sich gegenüberstehe. Daraus folgt dann, daß das Gewollte *nur* Mittel
sein kann; und wenn *gesetzt* wird, daß man den Zweck wolle, so muß
für ‚wollen‘ ‚wünschen‘ substituiert werden. Das Verhältnis des Wünschens zum Wollen halten wir für das Kardinalproblem, woran das
Verständnis des Wollens hängt.

§ 28.

Wünschen schlechthin ist das Streben, das sich auf eine angenehme
Vorstellung bezieht, mit der begleitenden Vorstellung, daß der Gegenstand jener unwirklich ist — Streben also nach dessen Wirklich-
werden. Wenn wir Wünschen vom Begehren unterscheiden wollen (das
aber immer als eine Art des Wünschens verstanden werden kann), so
dürfen wir jenem nicht eine Sache zum Objekte geben, sondern die
Vorstellung enthält ein Sein oder ein Geschehen, und das Geschehen

kann auch eine eigene Tätigkeit sein. Wird nun diese in die Zukunft
gelegt, und ist das Wünschen stark genug, um hemmende Vorstellungen
zu überwinden, oder treten diese gar nicht dazwischen, so geht das
Wünschen unmittelbar in die Tätigkeit über, in deren Wirklich-werden
es sich erfüllt; auch in diesem Falle pflegt das Wünschen Wollen genannt zu werden, wie wir an anderer Stelle erwägen. Und nur das
Wünschen in bezug auf eigene Tätigkeiten kann dem Wollen verglichen
werden, von dem es sich in der Tat nur dadurch unterscheidet: 1, daß
in ihm das Gefühl überwiegt und wesentliches Merkmal ist, im Wollen
das Denken; so daß dort ein völlig vager und unbestimmter Zustand
zu Grunde liegt, der erst allmählich Vorstellungen in sich hineinbildet;
hier ein durchaus bestimmter erreicht werden kann, aus dem das Gefühl völlig ausgeschieden ist. 2, damit hängt es nahe zusammen, daß
das Wünschen seinen Gegenstand, also auch die Tätigkeit, immer als
ungewiß und durch andere Faktoren mitbedingt setzt, während das
Wollen sich immer als bestimmend, das Gewollte als schlechthin von
ihm abhängig vorstellt. Demnach aber kann das Wollen als aus dem
Wünschen, wie ein Besonderes aus einem Allgemeinen *hervorgehend*
gedacht werden, so lange als das Gewollte *auch* ein Gewünschtes ist.
Und auch, wenn ein Teil des Gewünschten als nicht-wollbarer Zweck
von dem wollbaren Mittel unterschieden wird, so können Zweck und
Mittel in der Gesamt-Vorstellung des Gewünschten wesentlich miteinander verbunden sein; ihre Unterscheidung ist dann möglich, aber nicht
für die Erklärung des Wollens notwendig. Vollends tritt ihre Bedeutung zurück, wenn die Gesamt-Vorstellung nichts als eigene Tätigkeit
enthält, wenn sie also Vorstellung einer zu wollenden Gesamt-Tätig-
keit, einer zu leistenden Arbeit, einer gestellten Aufgabe ist. Sie erscheint dann als ein Ganzes, worin allerdings Teile, worin auch Anfang, Mitte, Ende unterschieden werden; der Wunsch sie zu verwirklichen, ist dann Motiv für das Wollen aller einzelnen oder Teil-Tätig-
keiten, und erhält sich darin. Anders, wenn das Ganze von Zweck und
Mittel von vornherein als ein Zusammengeseztes sich darstellt, d. h.
wenn die Aufmerksamkeit oder das Denken zuerst und wesentlich auf
das eine Stück, den Zweck, als das allein erwünschte, gerichtet ist, und
erst durch eine Schlußfolgerung auf die Vorstellung des zu wollenden
Mittels übergeht.

Wir werden das Wollen der ersten Art, dem eine nähere Erörterung
aufbehalten bleibt, organisches Wollen oder Typus A, das der anderen,
als leichter verständlich zunächst ins Auge gefaßt, rationales Wollen
oder Typus B nennen.

§ 29.

Im Typus A ist also die gesamte Konzeption, auch wenn sie in Zweck und Mittel aufgelöst wird, notwendigerweise mit angenehmen Gefühlen verbunden, ist „lustbetont"; denn die Konzeption eines Zweckes ist es immer, und die des Mittels kann nicht so davon losgerissen werden, daß sie nicht daran Anteil hätte, oder sogar einen Gegensatz dazu darstellte. Im Typus B hingegen stehen sich Konzeption des Zweckes und Konzeption des Mittels von vornherein isoliert gegenüber. Es ist daher denkbar, daß die letztere mit unangenehmen Gefühlen verbunden („unlustbetont"), oder daß sie wenigstens als gleichgültig empfunden und doch gewollt wird. Ja, dies ist die notwendige Konsequenz, insofern als der Zweck sozusagen als Alleinherrscher gesetzt wird, und nichts gewollt wird als das Allgemeine: den Zweck erreichen, d. h. bewirken. Denn hier ist ein Wollen bestimmter Tätigkeiten zunächst gar nicht vorhanden, und das Setzen des Zweckes heißt soviel als Wollen unbestimmter Tätigkeiten; jede bestimmte Tätigkeit ist darin mitgedacht, ihrem Begriffe nach, nämlich als Ursache der erwünschten und ins Auge gefaßten Wirkung, und so wird sie auch nur gewollt, insofern als sie diesem Begriffe entspricht; die Unterscheidung von Zweck und Mittel, von Wirkung und Ursache ist mithin Voraussetzung. Das Wollen unbestimmter Tätigkeiten involviert ferner, je mehr es a priori, d. h. als Setzen eines Zweckes, feststeht, Gleichgültigkeit gegen deren sonstige Qualitäten, insbesondere also dagegen, ob sie an und für sich angenehm oder unangenehm sind. Von diesem Standpunkt aus werden alle möglichen Tätigkeiten *nivelliert* und ihre qualitativen Differenzen auf quantitative *reduziert*. Und dies geschieht am vollkommensten, nachdem sie in prinzipiellen *Gegensatz* zum Zwecke gesetzt worden sind, mit dem sie verglichen werden müssen; denn ihr Unterschied von ihm ist vorausgesetzt, und Gegensatz ist nur der ausgeprägte Unterschied. Daher muß die Erwägung, die davon ausgeht, Zweck und Mittel gegeneinander zu isolieren, dazu fortschreiten, sie in Opposition zueinander zu setzen. Dies folgt aus der Ausschließlichkeit, mit der das Wünschen, also Streben auf den Zweck konzentriert, und im Unterschiede davon Tätigkeit schlechthin — die unbestimmte, also jede mögliche Tätigkeit — nur als Mittel vorgestellt wird. Denn nun folgt, daß *nur* die Zweckvorstellung Tätigkeit bewirkt, oder Motiv ist für das Wollen, daß also die bestimmte Tätigkeit *ohne* dieses Motiv *nicht* erfolgt, daß sie niemals aus Lust an ihr selber geschieht, vielmehr immer ein *Widerstreben* vorhanden ist, das durch die Zweckvorstellung *überwunden* wird; denn nur dann ist diese [die] *alleinige* Ursache, die, gleichwie in einem mechanischen Vorgange, die Trägheit, wodurch der Untätige in seiner Untätigkeit verharrt aufzuheben, oder der Unlust, die einer bestimmten Tätigkeit entgegenwirkt, Herr zu werden, oder endlich der Lust entgegen, womit etwa der Tätige einer bestimmten Tätigkeit obliegt, diese zu sistieren vermag. Denn auch die Unterlassung wird hier, wie sonst, als Tätigkeit begriffen, mit der jede andere Tätigkeit das Merkmal der bewußten Negation gemein hat, denn diese ist das Wesentliche für die mechanische Kausalität des Zweckes.

§ 30.

Der Gegensatz ist seinem allgemeinen Charakter nach hierdurch offenbar. Das Wollen des Typus A ist das natürliche Ergebnis des gesamten Gefühlslebens, sofern sich dieses im menschlichen Denken ausdrückt und entfaltet (expliziert). Denken aber ist durch höchst mannigfaches ‚Gedächtnis' bedingt, das selber im Gefühlsleben wurzelt; d. h. durch Assoziationen von Vorstellungen miteinander, Vorstellungen mit Empfindungen, von Empfindungen miteinander, und aller mit Bewegungsimpulsen oder Trieb- und Tätigkeitsgefühlen, die unmittelbar Folge des Lebens- und Kraftgefühles selber und darin enthalten sind, des Erbgutes, das die menschliche Gattung mit allen lebenden Wesen gemein hat, wenn auch auf ihre eigentümliche, unendlich spezialisierte Weise ausgeprägt. Jedes Trieb- und Tätigkeitsgefühl, insofern es *gedacht*, und die Tätigkeit selber vorgestellt wird, und durch das begleitende Gefühl eine zuständliche Existenz, wie ein Quantum Spannkraft, oder aufgespeicherten Vorrates von Energie gewinnt, ist ein Wollen (A). Jedes einzelne solche Wollen leitet sich von einem anderen gleichartigen ab, und die ganzen Gruppen jedesmal von einem allgemeinen Wollen, möge dieses als solches ‚bewußt', d. h. distinkt empfunden und gedacht werden oder nicht; wenn es nur empfind- und denkbar seinem Wesen nach ist. Dieses Wollen ist daher in seinem innersten Kerne ganz eigentlich grundlos, d. h. wir sind außerstande, einen letzten Vernunftgrund dafür anzugeben, warum *überhaupt* gewollt wird, es sei denn, daß wir diesen in ein göttliches als unendliches Wollen verlegen. In seinem innersten Kerne grundlos; nicht in seinen äußeren Schalen; denn diese sind durchaus durch Denken, d. h. Urteilen bestimmt. Wollen ist nur vorhanden, insofern es im Denken vorhanden ist, d. h. als Gedanke und Urteil bewußt ist, oder doch bewußt werden kann, zum Bewußtwerden aufstrebt.

§ 31.

Der Prozeß des Wollens entwickelt sich daher so, daß ursprüngliche Trieb-Ideen — allgemeine oder spezielle — durch ihre Lust-Elemente andere Ideen attrahieren und sich assimilieren; sie wachsen demnach, wie ein organisches Gewebe, durch das Leben und durch jede Lebenstätigkeit selber, sie saugen Erfahrung in sich auf; die Gefühle für das ihnen förderliche oder hemmende sind darin enthalten. Genuß-Ideen, aber auch Schmerz-Ideen bezeichnen den frischen Zuwachs, dem die vorherrschenden Lust-Elemente sich unterwerfen; zumal, solange als das ganze System im Wachsen ist, d. h. solange als die Erneuerung den Verschleiß mehr als ausgleicht. (Als psychischen Verschleiß verstehen wir aber die Minderung der Kraft, die Tendenz zur Ermüdung und Abspannung, die mit jeder Tätigkeit und Anspannung unmittelbar gegeben, und in ihrer Idee enthalten ist; Erneuerung aber ist die Erholung der Seele, mit der des Leibes im Grunde identisch, als Erfrischungs- und Erstarkungsgefühl uns bewußt und bekannt. Die Lebendigkeit jeder Triebidee, vielmehr aber noch das Wollen, ist dadurch bedingt, denn im Schlafe ist der Zusammenhang des Vorstellungslebens mit dem Gefühlsleben gelockert und verworren, daher das Urteilen, als Denken am Leitfaden des Satzes vom Grunde, unterbrochen, ein deutliches Bewußtwerden des Wollens mithin unmöglich.)

Wir betrachten hier also das Wollen (A) als teils von Natur angelegte, teils — und zwar im Bewußtsein ganz und gar — erworbene Einheit von Gefühlen und Gedanken. Diese Einheit enthält Tätigkeiten (genauer Tätigkeitsgefühle) ‚ideell‘ in sich, von denen einige ‚wirklich‘ werden; keineswegs aber sind die ‚wirklichen‘ Tätigkeiten insgesamt oder auch nur vorwiegend durch diese ideellen Vorbildungen bedingt. Wenn die Tätigkeitsgefühle selber, oder ihre beginnenden Impulse (coertus), oder die sie begleitenden Vorstellungen Wollen *genannt* werden, so geht uns dies hier zunächst nichts an. Vielmehr halten wir daran fest, daß das Wollen eine zuständlich beharrende Assoziation oder ein Komplex von Ideen ist.

§ 32.

Der allgemeinste Ideen-Komplex, der so lebendig ist, kann als der des Wohles oder Heiles, des Guten und Richtigen in bezug auf die eigene Seele, bezeichnet werden, der selber im „Selbsterhaltungstrieb", d. h. dem Triebe, der das allgemeine Lebens- und Kraftgefühl expliziert, seine Basis hat, und nichts ist als dieser, in der menschlichen „Vernunft" reflektiert, d. h. auf das gesamte Vorstellungsleben ausge-

dehnt und bezogen. Daher betrifft und bejaht er ebenso den gesamten Leib, dessen Heilheit, Kraft und Gesundheit, wie alles andere, was
die Seele als das Ihre fühlt und denkt. Diese Idee muß nicht notwendig bewußt werden, und wird es zumeist nur in verhüllenden Formen,
die der Phantasie, d. h. dem Denken in bildlichen Gestalten, angemessen
sind; aber ihre Keimanlage ist im Denken als solchem gegeben, sofern
dieses in normalem Zusammenhange mit dem Lebensgefühle und
Selbsterhaltungs-Instinkte sich befindet.

Alle einzelnen Heils- oder Wohls-Ideen aber sind ebenso Meinungen,
d. h. mehr oder minder fest und zuständlich gewordene Urteile über
das zu Wollende, d. h. das Gute und Richtige, Notwendige und Vollkommene in bestimmten Beziehungen. Am höchsten gestalten sie sich
in Maximen oder Grundsätzen, „die wir uns gebildet haben", Hand-
lungsweisen, deren Idee wir uns „zum Prinzip erhoben" haben; alle
solche Ideen können aber nicht als bloße Meinungen verstanden werden; sie sind Wollungen, sind allgemeinen Entschlüssen oder besser
noch Vorsätzen gleich zu achten. Es ist klar, daß hiernach das Wollen
A seinem Wesen nach dem gleich zu achten ist, was man sonst als die
praktische Vernunft begriffen hat, deren Tüchtigkeit nach *Aristoteles*
die Besonnenheit (φρόνησις) [ist]; und es ist bekannt, daß diese um so
vollkommener wirksam ist, je mehr sie ins Gefühl übergegangen, mit
ihm verschmolzen ist, aber doch wenigstens so weit bewußt seiend, daß
sie über sich selbst Rechenschaft geben kann, indem sie sich als Bereitschaft, Bereitwilligkeit zu gewissen Tätigkeiten — auch wenn diese
nur Denktätigkeiten, Urteile, sind — d. h. als Wollen erkennt.

§ 33.

Es versteht sich aber ferner, daß Typus B, trotz des Kontrastes, worin unsere Begriffe ihn erscheinen lassen, seiner Entstehung nach ganz
und gar in A beruht, nur eine entwickelte und besondere Gestalt dieser
praktischen Vernunft *ist*.

Das Allgemeine, das dort wesentlich unbewußt, aber doch gewollt
ist, ist hier der durchaus bewußte, aber nicht wollbare, nur gewünschte
und erwartete, gedachte *Zweck;* auf den alles Wollen im Denken bezogen wird, wie dort alles einzelne Wollen aus dem Gefühle des Allgemeinen, oder doch Allgemeineren hervorgeht.

Das Gefühl *wird* immer mehr Denken, das Streben — als welches
wir Trieb und Wollen zusammen auffassen — reflektiert sich immer
mehr darin, so können wir den natürlichen Gang der praktisch-psychi-

schen Entwicklung bezeichnen. Was dadurch eintritt — mehr oder
minder deutlich, mehr oder minder ausgedehnt — läßt sich als ein
Riß zwischen Gefühl und Denken bezeichnen, indem dieses sich aus den
mannigfachen organischen Verbindungen mit jenem losreißt, und
gleichsam auf eigene Füße sich stellt. Das Triebleben, d. h. die Gefühle in ihrer elementaren Gestalt, wird dadurch nicht unmittelbar
berührt; wohl aber mittelbar, teils indem es entfesselt wird, wie das
Denken selber, teils indem es alsdann, oder gleichzeitig, zu diesem in
ein Wechsel-Verhältnis der Herrschaft und Dienstbarkeit treten muß.
Es wird nicht in seinem Wesen berührt, dessen Veränderungen von
anderen Bedingungen abhängig sind, die allerdings zum Teil mit den
Bedingungen dieses Prozesses zusammentreffen.

§ 34.

Wir sagen, daß sich das Denken aus den organischen Verbindungen
losreißt: diese sind eben das Wollen A in seinen verschiedenen Gestalten[1]. Wenn nunmehr, für die neuen Formen des Wollens, Zweck allein
bestimmend und „maßgebend" wird, so ist dabei zu erinnern, daß die
Idee des Zweckes auch im Typus A mitwirksam ist, wenn auch mit viel
geringerer Macht, und mit nichts so wenig wie Alleinherrschaft ausgestattet. Sie ist eben dort der allgemeinen Idee der Einheit, die sich
vollendet in der Idee des Guten und Richtigen, untergeordnet; denn
diese enthält auch das dem Zwecke Angenehme, oder das Nützliche.
Nun befassen wir diese Ideen unter die noch allgemeinere Idee des
lusthaften Triebes, oder des Triebes, der Lust anzieht, Unlust ab-
stößt; gleich dieser sind auch jene ,Assoziations-Zentren'[2]. Und jede
solche Idee saugt die herankommenden Ideen — die neuen Erfahrungen — in sich auf, soweit sie der Anpassung und des Angepaßtwer-
dens fähig sind. Genußempfindungen und Schmerzempfindungen werden (wie früher bedeutet) dadurch gleichsam ihrer Stachel beraubt, sie
werden abgeschliffen und geglättet; sie werden als *gewohnte* in die
Gesamtempfindung aufgenommen und dem „freien und kräftigen Ab-
lauf" des Trieblebens und Wollens unterworfen. Also werden auch
die Gegensätze, die innerhalb assoziierter Ideen vorhanden sind, insbesondere der etwa hervortretende Gegensatz von Zweck und Mittel,

---

[1] [Diese „Gestalten", als „Formen" des „Wesenwillens", sind im einzelnen
in „Gemeinschaft und Gesellschaft", II. Buch ausgeführt: Gefallen, Gewohnheit, Gedächtnis.]
[2] Wir entlehnen diesen Terminus (der wohl auch sonst vorkommt) von
[Harald] Hoeffding, Vierteljahrsschr. für wissenschaftliche Philosophie XIV,
S. 200; den gleich folgenden, in Anführungszeichen gesetzten Ausdruck von
Lipps, Grundtatsachen [a.a.O.], S. 686 u. sonst.

ausgeglichen in einer höheren, gemeinsamen, sie verbindenden Idee;
wie denn von vornherein Zweck und Mittel hier als Teile einer Gesamt-Vorstellung begriffen werden. In diesem natürlichen Verbande
teilen sich die Ideen gegenseitig ihre Lust-Elemente mit, zumal so, daß
die lustschwächeren durch die Teilnahme an der gemeinsamen Quelle
sowohl, als durch Hilfe ihrer luststärkeren Nachbarn, sich lebendig
erhalten, d. h. als Wollen oder Stücke des Wollens reproduziert werden.
So wird auch, was anfangs als unangenehm empfunden und ungern
getan wurde, teils durch die Verbindung mit der allgemeineren Idee,
teils durch die mit der Zweckvorstellung selber, allmählich angeeignet
und assimiliert, d. h. mit Lustelementen durchsetzt, die das ursprüngliche Unlusthafte mehr und mehr abschwächen, oder zuletzt völlig
überwiegen.

§ 35.

Diesen natürlichen Assoziationen steht aber zunächst eine ausdrücklich bewirkte *Dissoziation* entgegen, und diese geschieht durch das ver-
gleichende und scheidende Denken, das die positiven und negativen
Lustwerte als solche erkennt und einander entgegensetzt.

Wir müssen in der Tat streng unterscheiden: Genuß und Schmerz,
Lust und Unlust, nebst anderen Gefühlen, insofern sie unmittelbar
vorhanden sind, d. h. gefühlt werden, und hingegen, was hier negativer
und positiver Lustwert genannt wird, insofern sie als solche gedacht
werden. In Wirklichkeit birgt die menschliche Seele höchst mannig-
fache Gefühle, die oft wirr durcheinander wogen, rasch miteinander
wechseln, ineinander und mit Empfindungen und Vorstellungen ver-
woben, und nur zu einem kleinen Teile entschieden und deutlich unangenehm (und mit entsprechenden Bewegungen des Leibes verbunden), oder entschieden angenehm (und ebenso mit leiblichen Bewegungen verbunden) sind. Durch die menschliche Rede, und folglich durch
das Denken werden Ideen, die in ihm (in ihr) eine abgesonderte Existenz gewonnen haben, miteinander verbunden (in bezug aufeinander
bejaht), *oder* voneinander geschieden (in bezug aufeinander verneint). Während nun alle gesonderten Ideen in einem gewissen
Sinne (eben im Sinne dieses Gesondertseins) in bezug aufeinander verneint werden *können*, auch solche, die in anderem Sinne in bezug
aufeinander bejaht werden; während ferner viele in bezug aufeinander
verneint werden, aus Gründen der Erfahrung (a posteriori); so gibt es
einige, die in bezug aufeinander verneint werden *müssen*, weil sie von
vornherein (a priori) so gedacht worden sind, daß sie ihrem Wesen
nach einander selbst verneinen, weil sie m. a. W. konträre Gegensätze

bilden. — Diese Kontraria werden einerseits durch das Denken geschaffen, andererseits durch Denken wieder aufgelöst. Das erste Denken schließt an starke, aber unbestimmte Empfindungen sich an, die an einem angeborenen Maße des Gewohnten und Mittleren die weiten Abweichungen nach beiden Seiten hin messend, so gegeneinander auszeichnen, was eben durch dieses Gewohnte und Mittlere voneinander geschieden; diese Benennungen dann wieder je nach den Gegenständen, an denen die ‚Qualitäten‘ gefunden werden, differenzierend[1]. Verschiedene Empfindungen verschiedener Menschen, wechselnde derselben, immer neue Vergleichungen dazu, machen die Namen ungewiß; alles ist ‚relativ‘, alles ist ‚subjektiv‘. Dem aber wirkt die Errichtung fester Maßstäbe und Maßeinheiten entgegen, wie die Verständigung der Menschen untereinander, und daher auch des Menschen mit sich selber sie fordert und hervorbringt. Diese aber, und das an ihnen sich entwickelnde, exakte und abstrakte Denken bringen zugleich die Tendenz mit sich, jene Gegensätze aufzulösen, sie durch *quantitative* Bestimmungen zu ersetzen; denn nur so werden sie schlechthin untereinander vergleichbar, und können auf stabilierte Einheiten bezogen werden. Indessen kann auch die Gegensätzlichkeit auf einer neuen objektiveren Basis wiederhergestellt werden, indem man ein gewisses Quantum als Nullpunkt, und alle Werte, die darüber hinausgehen, als positiv, alle, die darunter sind, als negativ bestimmt. Von allen solchen Qualitäten stechen aber durch ihre reine subjektive Natur die Gefühle von Lust und Unlust merklich ab; gleichwohl werden auch auf Grund ihrer den Dingen, und so den Tätigkeiten und Handlungen, besondere Qualitäten als quasi-objektive beigelegt — gut und schlecht, schön und häßlich, richtig und unrichtig, nützlich und schädlich —; sie aber scheinen jedes Maßstabes zu spotten. Und doch findet in einem höchst bedeutenden Gebiete des Lebens fortwährend solche Messung statt, auf demselben Gebiete, dem auch das übrige Messen, Wägen und Rechnen vorzugsweise entsprießt, dem Gebiete des ökonomischen Verkehrs. Der *Akt des Tausches* und seine besonderen Formen involvieren eine Vergleichung und Gleichsetzung von Objekten, nicht in bezug auf irgend eine ‚äußere‘ Qualität, sondern in bezug auf die ‚innere‘ Qualität des *Wertes*. Der Sinn dieser Qualität ist der einfache Gedanke, daß in einer gegebenen Gesellschaft, zu einer gegebenen Zeit, der Umtausch des einen Objektes gegen das andere (oder einer gewissen *Men-*

---

[1] [Der m. E. etwas dunkel ausgedrückte Satz will wohl folgendes sagen: In der Ebene der natürlichen Gefühle und Empfindungen bilden diejenigen von mittlerer Intensität an Angenehmheit bzw. Unangenehmheit den Normalfall. Besonders angenehme bzw. unangenehme Empfindungen aber fallen dem Bewußtsein durch ihre stärkere Intensität auf, — „zeichnen sich aus". Dieser Auszeichnung gibt das Denken durch „Benennungen" Ausdruck, dabei die verschiedenen „Gegenstände" benutzend, an denen jene Empfindungen hafteten.]

ge des einen gegen eine gewisse *Menge* des anderen) möglich, und
unter der Voraussetzung vernünftig d. h. *zweckmäßig* sei, daß, unter den
gegebenen Umständen, der Besitzer der einen Sache (A) die andere
Sache (B) zu erwerben *wünsche* — mit Lust erstrebe —, also genötigt und
willig sei, zu diesem Zwecke die Sache A hinzugeben (und umgekehrt).
In diesem Sinne empfangen in einer entwickelten ‚Volkswirtschaft' fast
alle Objekte ihren (mehr oder weniger ‚festen') *Preis,* d. h. werden
auf ein bestimmtes (eminent vertauschbares) Objekt bezogen und in
Quanten davon ausgedrückt (dieses bestimmte Objekt heißt bekanntlich ‚Geld'). Die Qualität ‚Wert' ist einer ideellen *Schwere* gleich zu
achten. Wie die materielle Schwere an allen Körpern als gemeinsame
Qualität gedacht wird — während die Empfindung schwere und ‚leichte'
unterscheidet —, weil alle in einer bestimmten Richtung einen wahrnehmbaren Druck ausüben (oder, was dasselbe sagt, ‚angezogen' werden), so wird der Wert allen ökonomischen ‚Gütern' beigelegt (ist ihre
gemeinsame Güte), weil alle in der Richtung auf durchschnittliches
menschliches Wünschen irgendwie ‚anziehend' sind, d. h. als angenehm
oder nützlich empfunden und gedacht werden. Und wie die Schwere
durch ein reales Instrument *an* einem bestimmten Körper, von dem
beliebige Mengen herstellbar sind und einen ihrer Masse proportionalen
Druck auf eine gegebene Unterlage ausüben, gemessen wird; so wird
der Wert *durch* das ideelle Instrument des als wirklich beobachteten
und als sich gleichartig fortsetzend gedachten Verkehrs (des ‚Marktes')
an einem bestimmten Gute gemessen, von dem gleichfalls beliebige
Mengen herstellbar sind, und für durchschnittliches menschliches Wünschen proportional ihrer Masse anziehend sind, d. h. als angenehm oder
nützlich empfunden und gedacht werden. Das Instrument ‚Waage' beruht auf dem allgemeineren Instrument ‚Hebel'; der Hebel aber ist ein
unterstützter Stab, dessen einseitige Belastung zur Überwindung von
Widerstand der Schwere jenseits des verbindenden Stützpunktes dient
— die normale Waage ist ein gegenseitiger und gleicharmiger Hebel.
Ganz ebenso beruht das Instrument Markt auf dem allgemeineren
Instrument Tausch, und im Tausche überwindet die ‚Kraft' des Objektes A den Widerstand des Objektes B, d. h. die Anziehungskraft,
die dieses für seinen Besitzer hat; die Hebelarme sind die Tausch-
kräfte, die im Stützpunkte der Tauschabrede (des Vertrages) einander
berühren; je länger der Hebelarm, d. h. je stärker die Tauschkraft (das
sind alle günstig mitwirkenden Umstände, *außer* dem Werte, als: Zu-
rückhaltung und Langsamkeit des Angebotes oder der Nachfrage,
überlegene Klugheit, Beredsamkeit usw.), desto eher vermag ein geringerer Wert einen größeren aufzuheben, und umgekehrt. Daher der
normale Markt gedacht werden muß als durch *gleiche* Tauschkäfte,
gleich günstige Bedingungen gegeben.

§ 36.

In der Tat gibt nun der Tausch das deutlichste Exempel jener mechanischen Opposition von Zweck und Mittel, die hier betrachtet werden
sollte. Der Tauschwillige verwendet ein gewisses Quantum dessen was
er hat (xA), und *will* sich dessen entäußern, weil er *wünscht*, ein gewisses Quantum dessen, was er nicht hat (yB), zu erlangen. Wenn er
die Gleichung xA = yB bejaht, und den Tausch vollzieht, so hat er
objektiv weder gewonnen noch verloren, er hat denselben Wert in
einer anderen Form, sein Vermögensstand bleibt unverändert. So läßt
sich eine Gesellschaft, in der unzählige Tauschakte fortwährend vollzogen werden, als ein konservatives System von Vermögensmassen
(Gütern oder Werten) denken, worin, im idealen Falle, alle einzelnen
Teilmassen gleich bleiben, sonst aber wenigstens die Gesamtsumme, indem alle Verluste auf einer Seite Gewinne auf der anderen sind, sich
erhält, und nur durch Tausche mit anderen Systemen vermehrt und
vermindert wird. — Nun ist die Frage, ob auch ein solches *individuelles*
System gedacht werden könne, worin alle Lustwerte als zur Verfügung stehende den erstrebten Lustwerten gegenüberstehen, und untereinander als vertauschbare Quantitäten vergleichbar sind, so daß eine
gewisse Quantität, die als *qualitativ* angenehmer vorgestellt wird, durch
eine ‚objektiv' — das kann hier nur heißen: für das theoretische Denken — gleiche gleichsam erkauft werden kann, indem auf diese Verzicht getan, oder indem eine entsprechende Quantität von Unlust frei-
willig aufgenommen wird, in der Meinung, daß dadurch der Erwerb
jenes Lust-Quantums bewirkt werde. Offenbar bleibt hier der qualitative Unterschied ein irrationales Element, das fortwährend wechseln
kann, so daß eine Form der Lust, die heute sehr lebhaft erstrebt und
großer ‚Opfer' oder eines hohen ‚Preises' für wert gehalten wird, morgen
sehr gering werden, ja in eine Unlust umschlagen kann. Das Streben
nach der jedesmal gefallenden Lust hin, von der jedesmal mißfallenden
Unlust weg, hat aber eine um so größere reale Bedeutung, und die Vergleichung begleitender Umstände und der Folgen mit dem Erstrebten,
des Erstrebten mit dem Besessenen, der bewußt vollzogene Umsatz
einer Art von Lust in die andere — z. B. der Verzicht auf einen Spa-
ziergang um eines interessanten Gespräches willen — das sind Aufgaben, die sich dem Denkenden fortwährend aufdrängen, da sie in jeder
Wahl, die gestellt wird, enthalten sind; und bei jeder Überlegung
machen sich die Wünsche gegeneinander als Interessen geltend, insbesondere das Interesse, einen bestehenden Zustand zu bewahren gegen das Interesse, ihn zu verändern, wo jedesmal der neue durch Preis-
gabe des alten „erkauft" werden muß. Also bildet das eigentliche Kaufen nur einen speziellen Fall dieses allgemeinen Austausches vorhandener gegen neue Güter, erfahrener gegen vorgestellte Zustände. Dabei

stehen allerdings fortwährend inkommensurable Werte gegeneinander
zur Vergleichung, und der Mangel jedes festen Wert-Maßstabes, das
Schwanken der jedesmaligen Währung, d. h. der tatsächlich als maßgebend vorgestellten Lustart, mithin die Unzuverlässigkeit aller Rechnung, muß sich auf Schritt und Tritt bemerkbar machen. Nur auf der
Oberfläche unseres seelischen Lebens pflegt daher diese rationale Überlegung zu schwimmen; aus der Tiefe aber entscheiden in der Regel die
Gefühle, sei es entschiedene Neigung oder Abneigung, sei es Gewohnheit, Grundsatz, ‚Eigensinn‘, oder Pflichtgefühl und andere tastende
Ahnung — die aber oft als ‚sicherer Instinkt‘ sich geltend macht —
des Richtigen, Angemessenen, Notwendigen; und jedes solches Gefühl, durch Denken unterstützt, kann auch als ‚Stimme der Vernunft‘
gedeutet werden, und ist dann gleich einem Wollen des Typus A. Wo
aber Wahl und Entscheidung wirklich aus bloßem nüchternen Räsonne-
ment erfolgt, da kann man, wie früher bemerkt, erwarten, daß nach
groben und deutlichen Kriterien geurteilt wird, und dies bestätigt Erfahrung.

§ 37.

Die vollkommene Idee, die den Typus B bezeichnet, wird aber erst
erreicht, wenn die größte Menge der abstrakten Lust erstrebt wird, sei
es einer besonderen, vor allen ausgezeichneten, zur abstrakten erhobenen Lust, oder, im allgemeinsten Sinne, der Lust schlechthin, in die
alle empirischen Arten aufgelöst, auf deren Begriff alle bezogen werden. Diese Idee ist die Vollendung jener an der Oberfläche schwimmen-
den Gedanken, sie kann selber immer nur als eine *Tendenz* beobachtet
werden, die sich bis zu einer gewissen Grenze gegen die natürlichen und
immer neu erzeugten Widerstände durchzusetzen vermag. Hier hat die
qualitative Bevorzugung keine Bedeutung mehr, alle möglichen Tätigkeiten müssen ausschließlich gedacht werden als Mittel, Lust zu ver-
mehren — daher gipfelt die Idee in einer gewissen *Umkehrung* des ursprünglichen Verhältnisses von Tätigkeit und Leidenheit oder passiver
Empfindung. Es wird nämlich Tätigkeit als Mittel schlechthin, daher
als Unlust, als Hingabe vorhandener Kraft, Leidenheit als Empfang von
Kraft, daher als Lust, als Zweck schlechthin gedacht; während das
natürliche Kraftgefühl und alle darin wurzelnden Triebe auf Tätigkeit
im wachen Zustande hinweisen, dazu anreizen und ermuntern, so daß
in Tätigkeit als solcher, je mehr sie so ‚natürlich‘ ist, trotz des notwendigen Rhythmus von Anspannung und Abspannung, die Lust überwiegt; während die Rast als eigentliche Leidenheit im Gefühle der
Ohnmacht, überwiegend Unlust ist, so sehr sie genossen werden mag,

so sehr Tätigkeit als Anstrengung schmerzlich sein mag; so ergibt sich nun am anderen Pole des Wollens, daß der müßige, passive Genuß, von allen Unlust-Elementen, als Schmerzen, Sorgen, Mühen, Ermüdungen gereinigt, als absolutes Ideal vorgestellt wird, das als ‚Glück' am Ende der Lebensarbeit winkt. Dies ist kein Phantom, kein Irrtum, sondern die natürliche Richtung, eine mögliche und bedeutsame Entwicklung der menschlichen Verunft.

§ 38.

Am meisten charakteristisch für die Erfüllung dieser Tendenz innerhalb ihrer Grenzen ist es, daß Lust-Elemente, die als begleitende Umstände, oder akzidentelle Folgen sich einstellen, [und] die als solche willkommen geheißen, auch gewünscht und erhofft werden mögen [—] während die eigentliche Frucht der gewollten Tätigkeit, das Ziel der begonnenen [Tätigkeit], in ihrer natürlichen Vollendung, in dem sich ergebenden Werke, der gelösten Aufgabe liegt [—], als *reine* Lust-Elemente zu Zwecken erhoben werden, in bezug auf die alsdann die gesamte Tätigkeit, samt ihren Ergebnissen, zum Mittel herabsinkt, so daß sie als Kosten, als Opfer, als Verzicht, kurz als Unlust vorgestellt werden, deren freiwillige Annahme oder Leistung klug ist, weil sie als Ursache jene Wirkung haben kann. Und nun muß das konsequente Streben dahin gehen, das Verhältnis der Ursache zur Wirkung günstiger zu gestalten, d. h. zuletzt mit einem Minimum von Tätigkeit oder anderer Aufwendungen ein Maximum von Lust zu bewirken; welches Problem dem mechanischen des höchsten Nutzeffektes mit dem geringsten Aufwande motorischer Kraft vollkommen analog ist. Andererseits aber wird der *reine Gewinn* der Lust dadurch erstrebt, daß die jedesmal erworbene, und also der Erwerb selber, immer wieder zum Mittel gemacht wird, neue und größere Mengen zu erwerben. So wird aus der Jagd nach dem Glücke eine planmäßige Eroberung dieses ewig-fremden Landes.

§ 39.

Aber ihren typischen Ausdruck hat auch diese höhere Form des rationalen Wollens in der Gesellschaft, und zwar im Gebiete des für alles individuelle Wohl und Wehe einflußreichen *ökonomischen* Lebens. Dieser Ausdruck ist die *Spekulation*. Sie besteht darin, in bezug auf dieselbe Sache zuerst vernünftiger Käufer, dann vernünftiger Verkäufer zu sein, oder umgekehrt. Ihr Ziel ist Geld, als abstraktes Gut, ihre Möglichkeit beruht wesentlich — von zufälligen Erfolgen wird hier abgesehen — auf Differenzen des Wertes nach Zeit und Ort, oder — technisch ausgedrückt — auf Verschiedenheit des Marktes. Sie gehört zum Begriffe des Handelsgeschäftes, das in seiner normalen Gestalt aus vorangehendem Einkauf und folgendem Verkauf sich zusammensetzt. Hier ist der Erwerb der Ware nicht allein Zweck, sondern zugleich das zweite Mittelglied, ihr Verkauf das dritte Mittelglied, und erst der neue Erwerb des Tauschmittels eigentlicher oder End-Zweck. Der Spekulant *will* also 1, sein Geld hingeben — die an sich unlustbetonte Ursache des nächsten Erfolges und Zweckes, der zugleich Bedingung ist, um 2, die Ware verkaufen zu *können*, dies also ein zweiter, mittlerer Zweck, der in das Verkaufenwollen, als das zweite Mittel, übergeht. Die Hingabe der Ware, Inhalt dieses zweiten Wollens, ist wiederum an sich etwas Unlustbetontes, das aber hier nicht nur von seinem eigenen Zwecke gleichsam bestrahlt wird, sondern auch von dem Zwecke des ersten Mittels, als von seiner Bedingung. Das zwiefache Wollen dient also hier dem erwünschten Endzwecke so, daß der mittlere Zweck sich sogleich in ein Mittel verwandelt, das einen neuen Zweck bewirkt, der sich in einem letzten Mittel *verwirklicht*. Das als Zweck Erwünschte verwandelt sich also in etwas als Mittel Gewolltes, das Erwerbenwünschen in ein Hergebenwollen, und dieses setzt einen sich darbietenden Tausch voraus, der in seiner Vereinzelung ein normaler (von gleichem Werte) sein kann, wie auch der erste, aber die Kombination beider muß den *vorteilhaften* Tausch ergeben, der die anfangs ‚ausgelegte‘ Quantität von Tauschmitteln *vermehrt* zurückerstattet; denn dieses Mehr ist der Zweck der Spekulation. Nun kann dieser zweite Tausch nicht als gewiß, sondern, wie alles zukünftige Geschehen, nur als mehr oder minder *wahrscheinlich*, vorausgesehen und erwartet werden; *möglich* ist auch ein unvorteilhafter Verkauf, der Spekulant ‚riskiert‘ sein Kapital oder doch einen Teil davon, d. h. die Möglichkeit eines Verlustes nimmt er wollend auf sich — er will ihn eventuell ‚tragen‘ — weil dieses Wollen die mögliche Erlangung eines Gewinnes bewirkt. Das erste Wollen (Hingabe des Tauschmittels), als Teil eines kombinierten Wollens, schließt dieses Wollen in sich ein, also das Wollen eines zwar nur möglichen, aber auch in viel höherem Grade unerwünschten Tuns oder vielmehr Leidens. Dort ein wirkliches, also gewisses Leiden: Verlust von A, sogleich kompensiert (im normalen Tausche) durch den ebenso wirklichen, also gewissen Erwerb von B. Hier der mögliche, also ungewisse Erfolg: unkompensierter Verlust von A (resp. a), diese Möglichkeit des größeren Übels kompensiert durch die andere Möglichkeit: den endlichen Erwerb von A + C, wo C einen unkompensierten Gewinn bezeichnet, d. h. Erwerb einer Sache, der keine Hingabe *realen* Gegenwertes erfordert oder gekostet hat. Hier wird also durch *mögliche* Preisgebung von A (resp. a) die mögliche,

aber, wenn der Zweck erreicht wird, wirkliche Erwerbung von A + C
(resp. c) erkauft: so ist der Fall des kombinierten auf das einfache rationale Wollen zurückgeführt. Das Mögliche ist nur für den Denkenden vorhanden: darum schon ist Spekulation ein höheres Denken, als
das im Kauf als Wollen enthaltene. Es ergibt sich nun ferner, daß die
Spekulation um so mehr rationell ist, je geringer die Möglichkeit, d. h.
Wahrscheinlichkeit eines bestimmten Verlustes im Verhältnisse zur
Möglichkeit d. h. Wahrscheinlichkeit eines bestimmten Gewinnes. Der
rationelle Spekulant wird mit einem Minimum von Wahrscheinlichkeit eines bestimmten, möglichst geringen Verlustes ein Maximum der
Wahrscheinlichkeit eines bestimmten möglichst großen Gewinnes er-
kaufen wollen. Wenn also ein größerer Gewinn wahrscheinlicher wird,
so wird auch ein größerer Verlust wahrscheinlicher werden dürfen. Im
Falle des Gelingens d. h. in dem vorher als wahrscheinlicher Effekt und
als Zweck gedachten Falle, ist nichts Reales *dauernd* hingegeben worden; nur etwas Imaginäres ist dauernd hingegeben worden, nämlich,
was zu verlieren als möglich gedacht wurde; und das Reale (das ‚Kapital‘) ist nur zeitweilig ausgesandt worden; es kehrt zurück — le
revenu —, wenn auch nur stückweise (in Raten).

§ 40.

Endlich möge noch darauf hingewiesen werden, daß in diesem charakteristischen Gebiete auch das — aus dem angegebenen Gesichtspunkte
— Ideale sich verwirklicht. Der müßige *Rentner*, der ohne jede Gefahr
für sein Kapital, wenigstens ohne größere, als mit der sicheren Aufbewahrung einer Geldmasse *auch* verbunden wäre, dies Kapital nicht
verzehrt, sondern erhält, und dazu ein üppiges Einkommen als Gläu-
biger des Staates bezieht, muß wohl als ein Bild der Glückseligkeit erscheinen, wenn einmal die ganze so gerichtete Art des Denkens ihre
natürlichen Wege verfolgt; er genießt „alles Mögliche“, er hält alle
Schmerzen, wenigstens soweit sie durch diese Sphäre bedingt sind,
zumal also die der Mühe und Arbeit, von sich fern.

§ 41.

Diese ökonomischen Anwendungen sind aber für unsere Ansicht vor
allem darum bedeutend, weil jeder erstrebte Zweck nach Art eines zu
erlangenden Gutes und jedes gewollte Mittel nach Art eines auszuge-
benden Gutes begriffen werden kann. Direkt ist jedes Mittel eigene
mögliche Tätigkeit, indirekt was durch diese dem Wollen zur Verfügung stehend gedacht wird; diese indirekten Mittel sind aber dem

Denken, sofern es der Anschauung bedarf, am zugänglichsten. Sie sind *natürliche* Werkzeuge, die der Mensch für seine Zwecke regiert, sind es in mehr konkretem oder mehr abstraktem Sinne, [—] je mehr in abstraktem, desto mehr entsprechen sie der Idee des reinen Werkzeuges, die nichts enthält als Ursächlichkeit, motorische Kraft. Dazu aber kann auch die *freie Handlung* selber werden, und *wird* es der natürlichen Tendenz des begrifflichen Denkens gemäß, das im Typus B sich kristallisiert. Sie wird ihrer natürlich-wesentlichen Eigenschaften entkleidet und wird als Nachbildung ihres Begriffes reproduziert, im allgemeinsten Sinne also des Begriffes, Ursache lusthafter Erfolge zu sein. Sie wird produziert wie eine reine Ware, an der den Produzenten nichts interessiert, als daß sie absatzfähig sei, also Träger eines möglichst großen Quantums von Tauschwert sei. Jede freie Handlung wird also schlechthin und in jedem Sinne *käuflich*, wenn sie in ein gesellschaftliches Tausch-System gesetzt wird; obschon der Begriff nicht als notwendig fordert, daß sie gerade um Geld käuflich sei. Ferner ist die Tendenz damit gegeben, daß sie einen unlebendigen, *gemachten* Charakter erhalte, denn sie *wird* gemacht und gleichsam fabriziert nach einer Schablone, der Schablone, die in dem Begriffe, Ursache bestimmter Wirkungen, Mittel zu einem bestimmten Zwecke zu sein, enthalten ist. Daher, wo immer Lebendigkeit, Frische der Empfindung, „Leidenschaft" erfordert wird *durch* den Begriff, da muß sie imitiert werden, und die Fähigkeit des Imitierens ist für den Zwecke Verfolgenden ein natürlicher Reichtum an Mitteln. Was der Schauspieler berufsmäßig, das ist der also Wollende planmäßig auf der Bühne des Lebens. Das ‚Paradoxon' *Diderots* heißt sehr mit Unrecht so; denn es ist durchaus Ausdruck der äußerlich plausibelsten Ansicht — δόξα —, daß der Schauspieler die furchtbarsten Erregungen spiele, *ohne* sie zu empfinden[1]. Paradox ist vielmehr die Tatsache, daß *doch* aus dem bewußtesten „Tragieren", also aus der äußerlichen Annahme und Nachahmung von natürlichen Zeichen, dem Inneren sich etwas mitteilt, daß doch ein organisches Band hergestellt wird, das dann, wie jedes assoziative Band, durch wiederholte Tätigkeit immer fester wird. *Pascal* empfahl bekanntlich, daß man, um innerlich fromm zu werden, sich gewöhne, die äußeren Werke und Worte der Frömmigkeit zu üben; und auch *Kant*, der die Menschen insgesamt „je zivilisierter desto mehr" als Schauspieler erkannte, meint doch: „dadurch, daß sie diese Rolle (der Zuneigung, der Achtung vor Anderen, der Sittsamkeit, der Uneigennützigkeit) spielen, werden zuletzt die Tugenden, deren Schein sie eine geraume Zeit hindurch nur gekünstelt haben, nach und nach wohl

---

[1] [Vgl. Denis Diderot, Rameaus Neffe (1762; dt. von Goethe, 1805). — Auch G. W. F. Hegel geht in der „Phänomenologie des Geistes" (im Abschnitt: Der sich entfremdete Geist. Die Bildung) näher auf diese Schrift Diderots ein.]

wirklich erweckt und gehen in die Gesinnung über" (Anthropologie § 12
und öfter)[2]. Diese Philosophen haben psychologisch richtig gedacht,
aber keineswegs vollständig. Sie hätten auch anführen können, daß
der Lügner seine Erzählungen zuletzt selber glaubt. Wenn aber die
Verallgemeinerung zulässig wäre, so würde folgen, daß der vollendete
Heuchler zuletzt ein religiöser Mensch werden müßte, und daß, wer
sein Lebenlang den Biedermann spiele, sich endlich zu einem solchen
entwickle. Auch die Neueren, die eine unbeschränkte Tendenz zur
Involution der ‚Willenshandlungen' behaupten, verkennen die Natur
des dissoziativen Prozesses, der dieser Tendenz entgegenwirkt; sie verkennen auch den Unterschied des Wollens vom Tun, den wir immer
aufs neue betonen müssen. Die Ideen, die beim Tun beteiligt sind, verschmelzen viel leichter miteinander, als die im Wollen enthalten sind;
je mehr daher das Tun Ausführung eines Gewollten, desto leichter
isoliert und individualisiert es sich, eben als Erzeugnis der Idee, sei es
kunsthaft-organisch oder mechanisch-gekünstelt. Bei der Schauspiele-
rei liegt der Fall eigentümlich kritisch. Sie ist selber Kunst, und wie
jede Kunst, von Natur Herzenssache, und tendiert, durch Ausübung
immer inniger mit dem Gemüte des Künstlers zu verwachsen; sie ist
als Kunst, auch wenn sie im Berufe „nach Brote geht", innerlich frei
und ihre Produkte original; sie ist aber mehr als jede andere Kunst
in Gefahr, auf den Effekt zu gehen, in Virtuosentum zu entarten, was
aber, wie bei jeder Kunst, ihre bewundertsten Leistungen hervorrufen
kann. Der vollkommene Virtuoso aber wird der Idee *Diderots* eher
entsprechen. Es gibt auch Imitateurs großer Schauspieler, bei denen
z. B. die Imitation von deren vornehmen Rollen darum schlechter ist,
als das Original, weil sie weniger Vornehmes in sich haben. — Auch
ist der Lügner dem Poeten verwandt, wenn er ‚harmlose' Jagdgeschich-
ten erzählt, die er zuletzt selber glauben mag. Sehr verschieden davon,
wer für seine Zwecke lügt. Die Gewöhnung macht ihn nicht wahrhaf-
tiger, sondern lügenhafter; denn die Überwindung der Scham und
anderen Widerstrebens wird immer vollkommener, das Lügenwollen
bildet sich leichter und rascher, die Ausführung wird geschickter. Das
Lügen aber interessiert uns hier besonders darum, weil das Sprechen
von Worten ganz die Natur einer freien Handlung hat, gleichwohl aber
Worten quasi-dingliche Existenz beiwohnt, die sie äußeren Werkzeu-
gen ähnlich macht, so daß sie gehandhabt zu werden als bloße Mittel
geeignet sind; welche Handhabung aber nicht immer Lüge sein muß.
Allerdings zeigt sich in ihr am deutlichsten die Herrschaft des Begriffes, der Worte, gleich anderen Dingen, zu Mitteln stempelt, seine Absichten zu erreichen.

---

[2] [Immanuel Kant: Anthropologie in pragmatischer Hinsicht abgefaßt,
1798, 2. Aufl. 1800. — Nach der Ausgabe von Ernst Cassirer, Berlin 1923, ist
es § 14.]

§ 42.

Wir verstehen also *Freiheit,* als eine Summe möglicher zweckmäßiger Tätigkeiten, in vollkommener Analogie und Homogenität mit Eigentum als *Vermögen,* insofern es nämlich als eine Summe verfügbarer ‚Mittel‘, d. h. auszugebender Kräfte gedacht wird. Für beide so verstandene Begriffe dient das Dasein des „Anderen" mit *seiner* Freiheit und *seinem* Vermögen, m. a. W. die Idee des Austausches, zu wesentlicher Bestimmung und Ergänzung. Das soziale Leben überhaupt, das die reine *Analyse* der Tatsache des individuellen Wollens unmittelbar wenig angeht, enthält doch zum Verständnisse von dessen Motiven den Schlüssel. Wenn also darauf hingewiesen wird, so muß freilich zugleich aufs schärfste davor gewarnt werden, die individuelle Vorausbestimmung des individuellen Tuns, als das wesentliche Merkmal des individuellen Wollens, mit der *sozialen* Vorausbestimmung desselben Tuns — womit jene in fortwährender Wechselwirkung sich berührt — zu *verwechseln.* Die *Analyse* muß diese Begriffe streng auseinanderhalten. Indem aber hier die *Freiheit* der Person im sozialen Leben vorausgesetzt wird, so muß um so mehr hervorgehoben werden, daß von Natur, und an und für sich, auch im sozialen Leben, die eigenen möglichen Tätigkeiten *nicht* etwas Lusthaftes und zugleich Dingartiges sind, dessen ich mich durch ihre Ausübung mit Unlust entäußere, zu dem Zwecke, anderes Lusthafte zu erwerben; sondern teils ist der Gebrauch meiner Fähigkeiten, die Entwicklung meiner Anlagen unmittelbar Ausdruck meines Lebens, daher überwiegend lusthafte Befriedigung von Kraftgefühlen und Trieben, teils ist er im Bewußtsein, [und] mit seinem Zwecke so assoziiert, daß sie ein natürliches Ganzes bilden, dessen lusthaftes Wesen sich ihm (dem Gebrauche meiner Kräfte) notwendiger- oder doch möglicherweise mitteilt. — Ebenso ist an und für sich, und auf die Gesamtheit eines sozialen Lebens bezogen, eine Summe von Gütern nicht dazu bestimmt, einem Anderen abgetreten, überhaupt ausgegeben zu werden, sondern gebraucht und genossen zu werden; auch so mögen sie als Mittel, z. B. Lebensmittel, oder als Geräte, z. B. zum Zwecke der Bebauung des Bodens, bezeichnet werden, aber die Tätigkeit mit ihnen ist vielmehr eine vollkommene Aneignung und Verinnerung (so die kundige und kunsthafte Anwendung eines Werkzeuges), oder doch ein assimilierender Gebrauch, als eine ‚Veräußerung‘ zu nennen. — Zum Begriffe der Freiheit und dem des Vermögens gesellt sich endlich der des *Einflusses* auf andere Personen, der Ansprüche und ‚Rechte‘ auf ihre Tätigkeiten. Auch diese werden hier als Mittel aufgefaßt, teils zu ihrer eigenen Vermehrung, teils zur Verwandlung in andere Genüsse oder Genußgüter. — Und wenn also diese Begriffe: Freiheit, Vermögen und Einfluß die zu ihnen gehörenden Güter ebensosehr als *Zwecke* wie als

Mittel bedeuten, so haben sie als Zwecke aber den Charakter, daß sie ganz und gar als Genüsse oder wiederum als Mittel zu Genüssen — dem Endzwecke — verstanden werden müssen. Und insoweit also die Elemente der Freiheit, d. h. Tätigkeiten, in Genüsse umgesetzt, Güter in Genußgegenstände umgesetzt sind, so werden sie mit Lust nicht bloß gedacht, sondern empfunden; während sie als Mittel gleichsam nur nominelle Repräsentanten von Lust sind, und im übrigen indifferent. Auch dieser Endzweck ist ihrer eigentlichen und wesentlichen Natur entgegen. Die Scheidung der Lust von der Tätigkeit, die sie erzeugt, ist (wie *Aristoteles* erkannte), je mehr die Tätigkeit eine menschliche, d. h. von Denken erfüllte, desto mehr eine unnatürliche, ein Produkt der Abstraktion, die das Ganze nicht als Ganzes aufzufassen vermag; in ihrem Ganzen ist Lust und Unlust, Genuß und Schmerz, in notwendigem und unauflösbarem Widerstreit, eben darum sich gegenseitig bedingend, enthalten. Und ebenso haben äußere Güter ihren Lustwert nicht durch den Endzweck der Genüsse; sondern müssen als Obliegenheiten, Aufgaben, Pflichten, als Gegenstände der Sorge und Pflege, begriffen werden. Dasselbe gilt endlich in noch höherem Grade von ‚inneren‘ Gütern, die in sittlich-rechtlichen Verhältnissen zu anderen Personen beruhen.

§ 43.

So werden wir in jedem Sinne auf die Betrachtung des Typus A, als der notwendigen Basis aller dieser Begriffe, zurückgeführt. Und wie die *ökonomische* Anwendung dort [in B] als die deutlichste im Mittelpunkt stand, so kann sie auch hierher übertragen werden. Wie wir nämlich das Wollen als einen Zustand der Seele bestimmten, so hatten wir auch schon diesen Zustand einem *Besitze* verglichen. Aus dieser Idee folgt nun, daß das Besessene, also der Gegenstand und Inhalt des Wollens, entweder ererbt oder erworben ist durch den Wollenden. Aber auch das Ererbte muß in einem allgemeinen Sinne erworben werden, um Gegenstand wirklichen, d. h. bewußten Besitzes zu sein; der Erbe muß in die Pflichten und Rechte seines Besitzes hineinwachsen, um ihrer fähig zu sein; er muß die Kräfte erwerben, durch die der Besitz ausgeübt wird. Nicht anders ist es mit erblichen ‚Eigenschaften‘ und Fähigkeiten: nur die Anlagen sind ursprünglich gegeben — angeboren —, in und mit ihnen müssen Tätigkeiten geschehen, wodurch die Eigenschaften und Fähigkeiten zu besessenen werden. — Nun ist hier mehr als Gleichnis. Sowohl das Besitzen von Sachen — hier zunächst im natürlichen, wir dürfen sagen, natur-rechtlichen Sinne verstanden —, als auch das Haben von Eigenschaften und Fähigkeiten, sofern diese psychischen Wesens sind, beides *ist* dem Wollen innerlich gleichartig. Denn auch das Besitzen von Sachen ist psychischer Zustand, und zwar eine Verbundenheit darstellend, die der Besitzer bejaht, indem er die Sache als die seine fühlt und denkt; es liegt darin, ebenso wie wenn er beschlossen hat, etwas Bestimmtes in bezug auf die Sache zu tun, das *Gesonnensein*, die Sache zu behaupten, sie sich nicht entreißen zu lassen, sie zu *halten*. Dazu kommt, als natürliche Konsequenz, der mehr oder minder bewußte Vorsatz, sie zu *benutzen*, was, je nach der Natur der Sache, auf einen Gebrauch geht, der sie verschleißt oder verbessert, oder der zur Herstellung und Erwerbung neuer Sachen dient. Dabei ist es für den Begriff gleichgültig, ob die Sache von Andern wert geschätzt werde oder nicht. Der Gebrauchs- und Affektionswert ist der natürliche Wert, und dieser ist mindestens zwiefach begründet: a, in dem Gefühle und Gedanken angenehmer Eigenschaften und Wirkungen — der Nützlichkeit, Schönheit, Güte b, in dem Gefühle und Gedanken des Erworbenhabens selber, zumal wenn dies ein Geschaffen- und Erzeugthaben ist. Dazu können noch andere Ideen-Assoziationen kommen, die sich teilweise aus diesen Vorstellungsmassen entwickeln. — In diesem Sinne ist das Besitzverhältnis zu Sachen — worunter hier zunächst auch lebende Wesen verstanden werden — durchaus analog dem Verhältnis zum eigenen Leibe und zu eigenen Kräften und Fähigkeiten. Der eigene Leib wird unmittelbar als Kraft oder Kräfte gefühlt; als wahrnehmbare Dinge werden sodann von ihm selber seine Teile unterschieden, innere und äußere, Haupt und Glieder, sei es daß dieses Denken auf Anschauung oder nur auf vermittelter Vorstellung beruht. Eben dadurch entsteht ein Verhältnis des fühlenden und denkenden Ich zu den Teilen des Leibes wie zu besessenen Gütern; und möglicherweise umgekehrt: zu diesen wie zu jenen. Zunächst sind sie Gegenstände der Empfindung und des dunklen Triebes, der ihr Sein bejaht, indem er dem Genusse nachgeht und den Schmerz meidet; aber hieraus entwickelt sich das Gesonnensein, sie gegen Angriffe zu verteidigen, vor Gefahren zu schützen, durch Gebrauch und Übung zu erhalten — das ist Wollen. Als ‚Können‘ werden die einzelnen Kräfte unmittelbar empfunden, aber sofern es von den Organen des Leibes, und zumal von ‚Gliedern‘ unterschieden wird, stellt es sich nicht als wahrnehmbarer Gegenstand dar[1]. Folglich liegt hier die Idee des Angegriffen- und Geraubtwer-

---

[1] [Zu Tönnies' Auffassung des *Leibes* vgl. auch: Arthur Schopenhauer, Die Welt als Wille und Vorstellung. Insbesondere § 18 des 2. Buches, wo es heißt: „Dem Subjekt des Erkennens, welches durch seine Identität mit dem Leibe als Individuum auftritt, ist dieser Leib auf zwei ganz verschiedene Weisen gegeben: einmal als Vorstellung in verständiger Anschauung, als Objekt unter Objekten, und den Gesetzen dieser unterworfen; sodann aber auch zugleich auf eine ganz andere Weise, nämlich als jenes jedem unmittelbar Bekannte, welches das Wort *Wille* bezeichnet.]

dens ferner, daher auch ein dies negierendes Wollen; um so näher
aber liegt ein positives Wollen, das die Ausübung solches Könnens, die
Bewahrung der Fähigkeiten zum Gegenstande hat. Wir sagen: der
Besitz einer Fähigkeit enthält — involviert — ein solches Wollen,
wenn eben der Begriff des Wollens, wie er aus dem Wünschen sich
entwickelt, zu dem der inneren Bereitschaft, des Gesonnenseins und
eines geronnenen Denkens — des *Gedenkens* — erweitert wird, das zu
bestimmten Tätigkeiten disponiert und sie aus sich hervorgehen läßt.
Das psychologische Können ist also potentielles Wollen; und alles Wollen ein sich aussonderndes und im Gedanken sich fixierendes Können
in seinem Übergange zur Aktualisierung. Das ist mithin ein allgemeines und darum ein hypothetisches oder eventuelles Wollen. Im psychologischen Können ist zunächst nur ein (vernunftloser) Trieb zur entsprechenden Tätigkeit enthalten; je mehr aber dieser sich in das Bewußt-Sein übersetzt, und durch Denken bestätigt und gefördert wird,
desto mehr kommt er einem Wollen gleich; so aber geschieht es, je
mehr das Kraftgefühl selber in die Sphäre des Vorstellens ausgebrei-
tet ist, d. h. je mehr die allgemeine Fähigkeit und Disposition durch
besondere gefördert und gesichert, ihrer selbst vergewissert wird. Das
strotzende Kraftgefühl des gesunden Burschen — noch voll von
gährenden Erregungen des Werdens, und schon üppige, integrierte
Masse — ist blinder Drang zu Tätigkeit und Arbeit; dieser geht in die
Wege, die ihm am nächsten offen stehen, oder die ihm gewiesen werden. Aber sein ‚Selbstgefühl‘ weiset ihn darauf hin, seine Kraft mit
dem Gegner zu ‚messen‘, durch Hoffnung gesteigert, überlegen zu
sein; so kann der ‚Tatendrang‘ am leichtesten als Kampflust impulsiv
und impetuoes sich geltend machen; aber ein Wollen entsteht daraus,
wenn Vorstellungen hinzukommen: sei es des Affektes, als momentaner Aufwallung — dann wird aber in der Regel nur die Stufe, die
wir als ein fließendes Wollen definieren werden und als ‚Küren‘ unterscheiden, erreicht werden —, sei es der Besonnenheit und des Gemütes:
die Idee des Richtigen und Gehörigen, irgendeine Art von Pflichtgefühl, d. i. Vorstellung des Müssens oder Sollens, eine mehr oder minder
entschiedene *Meinung*, z. B. daß dem Freunde zu helfen, daß die Belei-
digung zu rächen sei, oder daß es gelte, die Bewunderung der Gelieb-
ten zu erringen. Dies Wollen liegt als *allgemeines* jedem besonderen
Entschlusse zu Grunde. — Die Meinungen selber gehören zu den psychischen Fähigkeiten und also zum Besitztum, das Gegenstand des
Wollens ist; wir brauchen das Meinen nur als ‚Wissen‘ zu bezeichnen,
um darüber Klarheit zu gewinnen; denn eine unmittelbare Gewißheit
ist auch im sicheren Gefühle des Können — das Wissen ist selber ein
empfundenes Können, das sich in Erinnerungen und Urteilen — aus-
gesprochenen Meinungen — äußert. Und obgleich Meinungen weder

Glieder unseres Leibes, noch äußere Gegenstände sind, so werden sie doch gleich solchen Werten angegriffen und verteidigt; und sie verwachsen ebenso, ja noch mehr als äußere Güter, mit dem fühlenden und denkenden Ich. Dies gilt in besonders ausgeprägter Weise vom religiösen Glauben, insofern er als eine Treue von Person zu Person, und zwar zu vorgestellten, höchst mächtigen und vollkommenen Personen, gemeint wird. Damit ist dann auch das *Ehrgefühl* verknüpft, ein Gefühl, das auf der Schätzung der eigenen Gesamtperson beruht, und diese reflektiert erblickt in den Meinungen anderer Personen. Unsere Meinungen überhaupt gehören zu unserer Ehre, weil ihre Richtigkeit als Zeichen unserer Weisheit gilt, Weisheit aber als Zierde und Schmuck, im Grunde aber als Kraft bewundert wird. Denn ebenso gehören körperliche Kraft, Schönheit und Gewandtheit, ebenso äußere Güter und alle Arten von Fähigkeiten, Tüchtigkeiten und Tugenden, zur Ehre; denn alles wird geachtet und geehrt, mehr oder minder, in verschiedenen Lebenskreisen, was in irgendeinem Sinne Zeichen von Macht, d. h. den Ehrenden überlegener Macht ist; darum liegen Ehren und Beneiden dicht beieinander, und wird sogar Beneidetwerden für eine Ehre gehalten.

§ 44.

Wir können demnach auch hier eine dreifache natürliche *Machtsphäre,* in der das wollende Ich sich bewegt, unterscheiden, nämlich 1, die des eigenen *Leibes* 2, die der wahrnehmbaren Güter außer ihm — der „Habe" 3, die der *Ehre,* worin alle inneren oder idealen Güter befaßt werden mögen, wozu also auch die ‚moralischen' Eigenschaften und Fähigkeiten gerechnet werden. Wir haben nun in diesen Beziehungen ein negatives und positives Wollen unterschieden, je nachdem es wesentlich auf Abwehr von Schmerz und Übel oder auf Sicherung und Erwerb von Genuß und Gut ausgeht. Damit kreuzt sich aber eine dreifache mentale Disposition zur Tätigkeit, worin sich die Entwicklung dieser Disposition vom Gefühl zum *denkenden* Bewußt-sein zeichnet: die erste und allgemeine ist die der natürlichen *Geneigtheit* zu solchen Taten und Kämpfen, die als Liebe (zu den Gütern) und als Haß (gegen die Übel als Negationen jener) ein wahres, wenn auch nicht immer deutlich bewußtes, Wollen ist, nämlich innere Bereitschaft und Entschlossenheit, bis zum brennnenden Wunsche, eine die ‚ganze Seele' erfüllende Gesinnung; als Selbst-Liebe, d. i. Liebe zur eigenen Seele und zum eigenen Leibe und Leben, liegt sie aller Liebe zu Menschen und Sachen zu Grunde. Am anderen Ende steht die Meinung, der *Glaube* an den Wert der besessenen Güter, der den idealen Gütern besonders zugute kommt, und die Ehre höher einschätzt als das Leben.

Zwischen beiden aber liegt die eigentümliche mentale Disposition, die aus den Tätigkeiten selber entspringt, und zu ihrer Wiederholung drängt, aus derselben Ursache auch der Veränderung empfundener Zustände sozusagen grundsätzlichen Widerstand leistet, nämlich unabhängig von ihrem gefühlten Lustwerte: die *Gewohnheit*, die auch am vollkommensten das Wollen ausdrückt, das im *Besitze* äußerer Sachen enthalten ist: nämlich ein Verbundensein und Verwachsensein mit empfundenen und vorgestellten Gegenständen, das sie den Teilen des eigenen Leibes ähnlich macht[1]. Daher ist auch das in bestimmter Richtung *Arbeitenwollen* — sofern es eine Wechselwirkung des Leibes mit dem zu bearbeitenden, zu benutzenden oder zu formenden Stoffe ist — so sehr es mitbestimmt ist, durch Neigung und Gefühl der Fähigkeit, so sehr es mit Gedanken an Pflicht und Richtigkeit assoziiert ist, doch wesentlich Gewohnheit; denn sie steigert, indem sie selber Fähigkeit und Sicherheit vermehrt und spezialisiert, den natürlichen Trieb zur Tätigkeit, sie überwindet die Schmerzen des Leidens, der Anstrengung, Ermüdung; in ihr sind die unruhig schweifenden Ideen gleichsam angesiedelt ('settled habits'). — Wenn die natürliche Geneigtheit, als Gefühl ursprünglicher Kraft und Anlage eine primäre Bereitschaft und Gesinnung zu den darin gedachten Tätigkeiten ist, so ist die Gewohnheit — wie wir, mit *Lipps*, zur Unterscheidung von dem bloß-objektiven Sinne der Gewohnheit, sagen möchten — ein sekundäres, und der Gedanke der Richtigkeit, Notwendigkeit, Güte, des Sollens aus eigenem Antriebe, aus eigener Überzeugung, ein tertiäres Wollen. Eben die *Aufnahme* des Gedankens und Gefühles von Sollen oder Müssen, in das Gewollte, ist der Prozeß des Erwerbes im hier gemeinten Sinne. Je weiter von ursprünglich-selbstherrlicher „Lust und Liebe zum Dinge" die durch irgendwelche Umstände zugemutete, durch Pflicht gebotene oder durch Befehle aufgenötigte Tätigkeit entfernt liegt, um so schwieriger die Aufgabe dieser Aufnahme und Assimilierung. Sie vollzieht sich aber teils durch die bloße *Wiederholung*, die allerdings auch, wie früher erwähnt, den *Genuß* abstumpft, indem sie ihm den besonderen Reiz der Neuheit und Frische benimmt, aber sie steigert zugleich, ja erzeugt eventuell erst, die eigentliche *Lust*, indem sie die neuen Empfindungen zu einem Elemente des natürlichen Seins, und also unentbehrlich macht; indem sie die ausgegohrenen Genüsse gleichsam konsolidiert. („Das Gefühl gewinnt also an Mannigfaltigkeit und Innigkeit, was es an Frische verliert" [—] Höffding, Psychol. S. 356

---

[1] „Nam scutum, gladium, galeam in onere nostri milites non plus numerant quam humeros, lacertos, manus. Arma enim membra militis esse dicunt." Cic. Tusc. Disp. II. 37. [„Unsere Soldaten zählen bei ihrem Gepäck den Schild, das Schwert und den Helm nicht mehr als ihre Schultern, Arme und Hände. Die Waffen nämlich werden auch des Soldaten Glieder genannt."]

dtsch. A.)[2]. Unliebe Tätigkeiten aber und Schmerzen werden wenigstens *erträglich* gemacht; in diesem Erfolge findet die Wirkung der Wiederholung oft ihre Grenze. Aber das Ertragenwollen ist auch ein Wollen, weil das Ertragen*können*, wie jedes Können, sein eigenes Wünschen hervorbringt, den Wunsch, seine Kraft zu bewähren. Und das Ertragen des Übels wird ferner durch die *Einsicht* in den Sinn der Aufgabe, in ihren wesentlichen Zusammenhang mit irgend etwas Eigengewolltem, und daher stammende Energie, erleichtert[3]. Der begleitende Gedanke in solcher Einsicht aber ist seinerseits um so bequemer, daher um so rascher und sicherer wirksam, je mehr er selber in succum et sanguinem[4] übergegangen ist, als Glaube, als feste Überzeugung, oder als Gefühl der Notwendigkeit und Selbstverständlichkeit; und diese Meinungen werden teils erzeugt, teils verstärkt durch das *Beispiel*, das teils unmittelbar auf den Nachahmungstrieb und die Lust daran wirkt, teils auf andere Gefühle bejahender Art, und endlich wieder auf das Denken, als gepriesenes und als preiswürdig erscheinendes, als erfolgreiches und als bewundertes Beispiel zur *Nacheiferung* anstachelnd. Die Meinungen, sagen wir, die ein Wollen involvieren, und also auch unabhängig von der Wiederholung, die Aufnahme des Neuen und Widrigen begründen, werden erworben gleich anderem inneren Besitztum. Ein ursprüngliches Element des Gefühles, das mit den Sinnesempfindungen gegeben ist, sammelt um sich Erfahrung, bereichert sich durch empfangene Lehren; und es belehrt sich selber durch Anschauungen und durch Folgerungen. Mehr oder minder wird die Meinung (daß etwas so oder so richtig, notwendig, schön oder gut, angenehm oder nützlich sei) als *eigene* empfunden und geschätzt; eben damit geht sie in das Wollen über. Sie wird es aber um so eher, teils je mehr sie durch die *Neigung,* so zu tun, und speziell auch die Geneigtheit, so zu denken, von vornherein unterstützt und getragen wird, teils je besser sie selber angewöhnt, [d. h.] ihr Lästiges, Fremdartiges, Unwahrscheinliches also gleichsam durch geistige Schwielenbildung kompensiert worden ist; teils endlich, je mehr sie auf eigenem Urteile beruht, das selber wieder durch Autorität, durch Einübung von Gedankengängen, durch Liebe zum Denken selber, und Geehrtheit dieser Arbeit, gefördert, befestigt, ermutigt wird.

---

[2] [Harald Höffding, Psychologie, 1882, dt. 1887. — Mit Höffding stand Tönnies in einem viele Jahre währenden freundschaftlichen Briefwechsel.]

[3] Cicero, a.a.O., S. 41, 42 oder sein akademischer Gewährsmann, faßt ganz treffend zusammen, nachdem er die Wirkungen des Training auf so rohe Menschen wie Gladiatoren gepriesen: „Tantum exercitatio, *meditatio,* consuetudo valet!" [„Soviel vermag das Training, das Nachdenken und die Gewohnheit!"] und unterscheidet von alledem noch die ‚ratio'.

[4] [in Kraft und Blut].

§ 45.

Durch Meinungen aber ist wesentlich alle höhere, und besonders der
Ehre, dem Ruhm fördersame, — weil das Menschliche im Menschen
bezeichnende —, alle *intelletuelle Abeit* bedingt, die wir insgesamt als
Kunst begreifen mögen. Je tiefer der Glaube an das Richtige als bild-
nerisches Auge oder musikalisches Gehör, im Ursprünglichen und
Sinnlichen — dem Anschaulichen und Anhörlichen, wenn dies Wort
zu bilden gestattet ist — *wurzelt;* je sicherer er als Schönheitssinn und
Stilgefühl mit dem Gemeingefühl *verwachsen* ist, je feiner er zur
geistigen Empfindlichkeit und Erfindlichkeit, als Takt und Weisheit, er-
zogen und *ausgebildet* ist, desto vollkommener der Künstler. Im Unterschiede davon nennen wir die Arbeit, deren Können *wesentlich* auf
Übung beruht, *Handwerk,* und mögen, was unterhalb seiner, wesentlich durch ,körperliche' Kräfte, die nur des *Wachstums,* also der Er-
nährung und Erneuerung bedürfen, bedingt ist, als *Gemeinarbeit* unterscheiden. Diese Begriffe wollen aber nicht schematisch, nach den
sprachlich fixierten Kategorien, sondern lebendig angewandt werden.
So ist die Arbeit des Ackerbauers zwar ihrem Fundamente nach Gemeinarbeit, aber zu einem guten Teile auch Handwerk, und gewinnt,
als vernünftige Ökonomie (im rechten Sinne des Wortes) an der Idee
der Kunst ihren Anteil, die überhaupt fast jedes Handwerk zu sich
emporziehen kann, weil sie als Keim darin enthalten ist. — Zur Kunst
gehört aber auch das Denken selber, zumal wenn es durch ästhetischen
Tiefsinn, durch logischen Scharfsinn geleitet wird. Ja, das Denken, auf
keiner Stufe Handwerk oder Gemeinarbeit, ist seinem Wesen nach
die menschliche Kunst, die alle andere[n] erst möglich macht, weil sie
die intellektuelle Arbeit κατ' ἐξοχήν ist. Es muß als Kunst schon in seinen
einfachen Anwendungen auf Überlegung, Rechnung und Berechnung
beurteilt werden, wie es auch geschieht, wenn man von groß angelegten
Plänen oder von fein gesponnenen Intrigen redet.

§ 46.

Nur angedeutet möge werden, wie mit dieser *poietischen* Beziehung
(im aristotelischen Sinne) des Wollens die eigentlich *praktische* nahe
verwandt und eng verknüpft ist. Wessen einer im moralischen Sinne
fähig ist, daher wozu er geneigt und abgeneigt, was er zu tun gewohnt
ist, welche Grundsätze er sich zu eigen gemacht hat und zu befolgen
gesonnen und gewohnt ist, aus alledem ist zusammengesetzt, was man
bald seinen *Charakter,* bald, in etwas anderer Begrenzung, sein Wesen
und seine Weise, seine Denkungsart und seine Gesinnung, sein Herz

und Gemüt zu nennen pflegt. Dieses alles, worin Gefühl und Denken
organisch verbunden sind, empfängt seine Vollendung im „Gewissen",
das wiederum ganz wie das entsprechende künstlerische Wollen, die
Beschaffenheit eines — zwar mehr rezeptiven als produktiven —
Sinnes für das Gute und Richtige („moral sense") annimmt, und dem
Geschmack oder Geruch — der ‚Witterung' — verglichen, auch durchaus als etwas „Instinktartiges" beschrieben wird. Oder es wird als
eine Stimme vernommen, die das wahre Heil und die sittliche Pflicht,
als das eigentlich und im geistigsten Sinne Gewollte, verkünde; oder
es wird als ein Berater und Mentor, oder als ein strafender Richter
vorgeführt — lauter Gedanken, die darauf abzielen, die organische
praktische Vernunft im Gegensatze zum „auf seinen Vorteil Abgewitzt-
sein" (mit *Kant* zu reden), die innerliche im Gegensatze zur äußerlichen
Teleologie des Wollens zu bezeichnen. Wir mögen aber nicht verhehlen,
daß wir: dem rationalistischen und eudämonistischen Denken einen
ethischen Inhalt zu geben, keineswegs für so wert- und aussichtslos
erachten, wie es, nach *Kants*[1] unzulänglicher Kritik dieses Denkens,
manche darzustellen wagen — oft mit noch minder zulänglichen Rede-
wendungen. Aber diese Erörterung reicht über die Grenzen dieser Abhandlung hinaus.

§ 47.

Wenn wir aber nunmehr noch einen vergleichenden Rück- und Vor-
blick auf das Wollen des Typus B nehmen, so muß uns hauptsächlich
daran gelegen sein, die Berührungspunkte und die Übergänge aufzu-
weisen. In dieser Hinsicht werde nun folgendes bemerkt. Die begriffliche Entwicklung des Typus A geht vom Allgemeinen zum Besonderen,
sie hat ihren Endpunkt im vereinzelten (singulären) Wollen; parallel
mit dieser geht eine Entwicklung des im Wollen enthaltenen Denkens,
wodurch es immer reiner als das Wollen *begründende* Denken sich darstellt. — An diesem Punkte hebt die ganz anders geartete begriffliche
Entwicklung des Typus B an. Sie ist ein Fortschritt vom Einfachen zum
Zusammengesetzten, vom Einzelnen zum Allgemeinen. Die Bewegung
vollzieht sich ganz und gar *innerhalb* des Denkens, das immer allgemeinere Zwecke sich setzt; das immer mannigfachere Zusammenhänge

---

[1] [Gemeint ist natürlich die Kantsche Ethik, die bekanntlich Neigung und
Pflicht einander gegenüberstellt und nur in der letzteren das Fundament
moralischen Handelns erblickt. Die Pflichtethik Kants hat auch Schopenhauer
abgelehnt, ohne daß er jedoch (im Gegensatz zu Tönnies) mit dieser Ablehnung eudämonistische Absichten verband, die durch seine Entsagungs-
lehre vielmehr ausgeschlossen waren. Tönnies' Moraltheorie verdankte sich
demnach weitgehend den englischen Moralphilosophen und Sozialethikern,
besonders Hobbes.]

von Wollungen, die aus Zwecken zu Mitteln herabgesetzt werden, davon abhängig macht. Einen Zweck wollen heißt nur: ihn bewirken wollen, d. h. ein Allgemeines von Tätigkeiten wollen (alles, was dem Zwecke gemäß ist). Im Eigenwollen, sagen wir, stoßen die Typen zusammen. Um dies zu verstehen, muß dies vereinzelte Wollen ganz als durch Denken begründet, also als Resultat der Überlegung, wie früher geschehen, aufgefaßt werden. Denn jener Punkt liegt in der Linie des Denkens. Er ist ganz eigentlich ein Grenzpunkt, dem sich das Wollen begründende Denken notwendigerweise immer mehr nähert, je mehr es „zu sich selber kommt", d. h. je mehr es *logisches* Denken wird; denn um so mehr entkleidet es sich der *Phantasie*, die das Gefallende erhebt, und macht sich seine Gegenstände, die zu erreichenden Zwecke und die zur Verfügung stehenden Machtmittel (damit wir so Tätigkeiten und Sachen zusammen begreifen — direkte und indirekte Mittel) *plan*, um sie zu übersehen, zu vergleichen und in Verhältnisse zueinander zu setzen; desto mehr scheidet es aus der Idee des Wollens alle Elemente aus, die aus dem Gefühl herstammen, in dem Sinne, daß die bejahenden Gefühle ein Wollen, die verneinenden ein Nichtwollen begründeten; um so schärfer bestimmt es den Begriff des Zweckes als den erwünschter Wirkung, des Mittels als [den Begriff] der zur Verfügung stehenden Ursache. Die Wünsche selber treten zurück; aber ihre Konzentration auf den Zweck ist die Voraussetzung; und zwar vollendet sich diese erst als Konzentration auf den End-Zweck, oder im Fortschritte zu immer allgemeineren Zwecken; denn jeder besondere Zweck kann wieder als mögliches Machtmittel gedacht, und, wenn erreicht, in ein wirkliches verwandelt werden; und am Endzwecke gemessen ist alles Machtmittel. Aber der jedesmalige Zweck und das jedesmalige Machtmittel unterscheiden sich doch durch das sehr bedeutende Merkmal, daß jener außerhalb, dieses innerhalb der Macht-*Sphäre* liegt; so stehen sie sich, einander negierend, gegenüber, und verwandeln sich ineinander durch Überschreitung der Grenzen: jener wird Machtmittel, indem er in die Sphäre eingeht, dieses wird (möglicher) Zweck, indem es aus der Sphäre ausgeht. Sie verhalten sich also wie Aktiva und Passiva, Forderungen und Schulden auf demselben Konto, also an ein anderes Vermögen, oder — in der doppelten Buchführung — an ein anderes Konto innerhalb des eigenen oder an das Gesamt-Vermögen; wo jede Verminderung auf der einen Seite eine gleiche Vermehrung auf der anderen bedeutet, und umgekehrt. Mithin überschreitet dieses praktische Denken den Punkt, wo es in den Typus B übergeht, indem es das (positive) Wollen als — freiwillige, also bejahte — Negation (seiner selbst, d. h. seiner eigenen Machtmittel) setzt; wozu der Geizige, der das Machtmittel Geld als solches *liebt*, trotz der evidentesten Zweckmäßigkeit sich nicht entschließen kann; eine tragi-komische Figur, weil

er durch das lächerlich ist, was sonst ehrwürdig wäre (wenn es sich
nicht gerade um *Geld* handelte!). Ein ähnliches Wollen, als Entsagung,
Aufopferung, Selbstüberwindung, liegt auch innerhalb des Typus A,
aber hier ist sein wesentlicher Grund im Gefühle, sei es als Begeiste-
rung, als Liebe, als Glaube und Hoffnung, wo denn freilich auch
Elemente des Denkens teilnehmen, die den ‚Lohn‘ erwarten machen
und zur subjektiven Gewißheit erheben mögen; aber hier stellt sich
eben die Verschiedenheit des Verhältnisses dar: ob der Ideen-Komplex
des Wollens, worin Gefühl und Denken vermischt ist, die *Gesamt-Vor-*
stellung bejaht, der die Aufopferung u.dgl. angehört, so daß deren Bejahung aus der Gesamtbejahung sich ableitet; oder ob das isolierte
Gefühl die Aufopferung und andere Selbstnegation durchaus verneint
(wie das isolierte, also undisziplinierte Gefühl notwendigerweise tut),
und nur — gerade im Gegensatze dazu — das (gleichfalls isolierte)
Denken sie durchaus bejaht; wie es in unserem Begriffe gedacht wird.
Eben darum haben wir früher von der *Losreißung* des Denkens gesprochen[1], die — gleichwie in anderen individuellen Entwicklungen
und Differenzierungen — sein natürlicher Prozeß ist. — Wie nun aber
die Vorstellung, oder wenigstens Vorempfindung, des *Könnens* allgemeiner und besonderer Tätigkeiten in allem Wollen solcher Tätigkeiten enthalten ist, so ist sie auch im Wollen des Typus B enthalten.
Und zwar ist sie hier deutlicher, schärfer umrissen, weil sie eben Vorstellung des Machtmittels im Gegensatze zum Zwecke ist. Sie wird —
rein als Könnensvorstellung — zur allgemeinen, abstrakten, zum Begriff. Denn in ihr wird das Gekonnte gedacht als zur Verfügung stehend, als etwas, wozu es „nur“ des einfachen ‚Willensaktes‘ oder des
‚Kommandos‘ bedürfe, um es zu vollbringen, das also immer und
leicht getan werden könne — und dies ist *für den Menschen schlecht-*
hin alles Gekonnte, je mehr es *allgemeine* menschliche Tätigkeit ist;
und je allgemeiner desto mehr: daher Gemeinarbeit eher als Handwerk, Handwerk eher als Kunst; aber Gemeinarbeit selber um so
besser, je mehr sie in ihre *Elemente* zerlegt wird, je weniger sie ein
spezifisches (‚gelerntes‘) Können synthetisch enthält. Aus demselben
Grunde sind auch *Worte*, die man ausstoßend und nach Belieben ver-
bindend ‚machen‘, durch die man alles, was zweckmäßig scheint, sagen
kann, das natürliche Material für diese allgemeine Könnenvorstellung.
Andererseits aber kann für jeden *besonderen* Menschen sein spezifisches Gekonntes, als die Kunst, die er zu jeder Zeit, nach eigenem
oder fremdem Wunsche, zu produzieren fähig sei, so als ein zur Verfügung stehendes Material gedacht werden. Die Kunst überschlägt sich
darin gleichsam selber, und büßt ihr Wesen, ihre Ehre ein; denn als
Kunst steht sie eben *nicht* dem Wollenden zur beliebigen Verfügung,

---

[1] [§ 33].

sondern ist bedingt durch ‚Eingebung' und durch die Gesamtheit des Seelenlebens, worin sie wurzelt; was auf jene Weise disponibel ist, kann nur ein Äußerliches und Mechanisches in der Kunst sein, daher jede Kunst, je mehr in ihr diese Elemente überwiegen; und außerhalb aller die Kunst, jede Kunst nachzuahmen; jenes ist das Allgemeine *in* jeder Kunst, diese ist die allgemeine Kunst außerhalb jeder Kunst. Daher unterscheidet sich, in weitem Umfange, die *Verwirklichung* des Wollens A von der des Wollens B dadurch, daß dasselbe, was dort *echt*, hier nachgemacht und unecht auftritt. Daher ist auch die Vorstellung des Nachahmenkönnens sehr verschieden von dem Bewußtsein des genuinen, originalen Gestaltenkönnens, das soviel mächtiger ist, obgleich es nicht ‚kommandieren' kann. Als zur Verfügung stehend wird die Vorstellung der Tätigkeit von der des Könnens getrennt, mit der sie sonst ein Kontinuum, wie in der Wirklichkeit, bildet. Diese Vorstellung der Tätigkeit als gekonnter, und des Könnens als Leistenkönnens, ist im Einzelwollen A lebendige Allgemein-Vorstellung: Allgemein-Vorstellung, insofern sie eben das Zukünftige, Seinsollende, als Mögliches vorbildet; denn das Mögliche ist immer das Gemeinsame aus unseren einzelnen Erfahrungen (als Empfindungen). Und diese Allgemein-Vorstellung geht in die Tätigkeit selber über, wie in einem organischen Prozesse des Werdens. Der Schaffende, Wirkende, hat sie in seiner Seele, wie ein Modell vor seinen Augen (der ῾Ερμῆς des *Aristoteles*), aber der echte Künstler imitiert nicht sklavisch sein Modell, sondern schaut es mit seinem Geiste an und belebt es, um es nachzuerzeugen; während der die Tätigkeit Affektierende ihren Begriff vorher und abgesondert sich gleichsam vorhält; auf die möglichst getreue Nachbildung — den Abklatsch — geht seine Bemühung. Solches Werk pflegt denn auch als seelenlos, frostig, tot, charakterisiert zu werden; nicht minder das Tun des praktischen Menschen, der etwa „Phrasen drechselt" oder sonst ein Benehmen ‚erkünstelt'[2].

§ 48.

Aus allem geht hervor, daß das seiner Natur nach nur denkbare — rein ideelle, oder formale — Tun, als Veranlassen, Bewirken, Verhindern, und das entsprechende Können natürlicher und leichter in den Typus B als Gegenstand des Wollens eingeht. Denn darin wird das

---

[2] [„Will der Sänger, oder Virtuose, seinen Vortrag durch Reflexion leiten, so bleibt er tot. Dasselbe gilt vom Komponisten, vom Maler, ja vom Dichter; immer bleibt für die Kunst der Begriff unfruchtbar: bloß das Technische in ihr mag er leiten: sein Gebiet ist die Wissenschaft." Arthur Schopenhauer, Welt als Wille und Vorstellung, 1. Buch, § 12.]

Gewollte als abstrakte Kausalität oder als deren Negation gedacht, weshalb auch die Frage: durch welche Mittel? hier unmittelbar nahe gelegt ist. Hingegen das Unterlassen, und alles negative Tun, kann in jedem Sinne gewollt werden; es gehört wesentlich zur Selbstbeherrschung, daher zum Gewissen und zum guten Geschmack in jeder Richtung; ist aber auch ein bedeutendes Mittel für alle möglichen Zwecke. Wir haben früher unterschieden, daß das Unterlassen als ein *Tun gedacht* werde[1], *wenn* es als Mittel zu einem erwünschten Zwecke gedacht wird; daraus folgt, daß man durch solches Unterlassen, wie durch ein anderes Tun, einen Zweck *bewirken* kann. Wenn aber *Sigwart*, am Schlusse der hier zu Grunde gelegten Ausführung (sub γ S. 162 ff.) behauptet, daß ein Unterlassen als Mittel gewollt werde, wenn die Wirkung nur nicht hinlänglich *unangenehm* in der Vorstellung war, um das hindernde Tun zu verursachen; daraus sogar folgernd, daß diese Wirkung dann *gewollt* werde, einerlei ob das Unterlassen ausdrücklich gewollt wurde, oder etwa nur das Wollen des Tuns *nicht* geschah; so meinen wir, daß diese Ausdehnung des Begriffes das Wollen verschwommen mache. Sie gelangt zu der Konsequenz: wenn jemand z. B. ein Kind sehe, das im Begriffe steht, Tollkirschen zu pflücken und zu verzehren, und dem sich einstellenden Gedanken, daß er es warnen sollte, mit Bewußtsein *nicht* nachgebe, um sich nicht aufzuhalten: so gebe es keine Möglichkeit zu leugnen, daß er die Vergiftung *gewollt* habe. Wir leugnen es sehr, und sagen, daß die Daten zu nichts weiter Grund geben, als zu der Behauptung, daß er gegen die Vergiftung sich gleichgültig verhalten habe. Dies ist nicht viel weniger tadelnswert, als wenn er sie begünstigt hätte, aber es ist doch davon und noch mehr vom eigentlichen Wollen *verschieden*. Es hat guten Grund, wenn das Gesetz uns für die Wirkungen unserer Unterlassungen, so gut als für die unseres Tuns verantwortlich macht, wenn es unter Umständen verlangt, daß wir etwas verhindern *sollen*, was wir verhindern *können*. Unser Nichtverhindern ist dann ungesetzlich, und wie dies ‚Tun‘, so kann darüber hinaus das vorsätzliche Also-Tun, d. h. das Wollen selber inkulpiert werden. Immerhin wird die Billigkeit verlangen, solches negative Bewirken und Tun vom positiven streng zu unterscheiden. Im Strafrecht hängt damit die Abgrenzung der Begriffe Culpa, Dolus directus, Dolus indirectus s. eventualis gegeneinander, zusammen.

---

[1] [Vgl. § 10.]

§ 49.

Die ganze Untersuchung der beiden Typen des Wollens war ausgegangen von [der] Betrachtung der *Motive* des Wollens, in die sie auch mündet. Die letzten Ursachen des psychischen Zustandes, den wir Wollen nennen, sind immer Wünsche, d. h. Gefühle, die mit Vorstellungen assoziiert sind, und diesen Vorstellungen ihre ‚Farbe‘ oder ‚Betonung‘ geben; die Vorstellungen aber können wir allgemein als Motive oder Beweg*gründe* ausscheiden, wenn anders diese von den (psychologischen) Ursachen unterschieden werden. Die Gefühle aber entspringen aus den *Neigungen:* unter diesen weiteren Begriff subsumieren wir die *Triebe.* Triebe sind angeborene Neigungen zu Tätigkeiten, sie beruhen in allgemeinen und besonderen Kraftgefühlen, nähren sich und wachsen mit diesen; durch Empfindungen und Vorstellungen werden sie erzeugt (‚geweckt‘), in den Tätigkeitsgefühlen selber erfüllen und befriedigen sie sich. Neben ihnen gibt es aber Neigungen (zu Tätigkeiten), die auch ihrem *Wesen* nach erworben sind, durch spezifische Erfahrung entstanden und gebildet, wenn sie auch in Trieben beruhen und sich daraus abzweigen, ja ihrer Anlage nach, gleich diesen, vor aller Erfahrung vorhanden sind, als ererbtes Besitztum. In den Gefühlen von Trieb und Neigung sind, wie in den Kraftgefühlen, woraus sie sich entwickeln, die Gefühle von Lust und Unlust ungeschiedene Potenzen; diese entstehen erst durch hinzukommende, fördernde und hemmende Empfindungen, [und] deren Vorstellungen, die unmittelbar als Genuß- und Schmerzensempfindungen perzipiert werden; daher sind auch Abneigungen, als entschiedene Unlustgefühle, nur negative Ausdrücke allgemeiner und früherer Neigungen. — Es ist aber ein Mangel der Sprache, daß sie kein der Neigung oder speziell dem Triebe entsprechendes Verbum darbietet, ein Verbum, das sich zum Wünschen verhalten müßte, wie Wünschen zu Wollen. Auch in bezug auf dies fanden wir die Sprache für Zwecke der Theorie unvollkommen: wo in der ersten Bedeutung das Zuständliche durchaus überwiegt, muß sie sich der Form eines Tätigkeitswortes bedienen, und durch diese Form wird jene Bedeutung gleichsam aufgeweicht. Auch für „wünschen“ gilt dies; während es eigentlich heißt: ein gewisses Gefühl *haben* — den Wunsch ‚hegen‘ — so wird es öfter gebraucht in einem Sinne, der die Seite der Vorstellung akzentuiert und den Wunsch*gedanken* als ‚Einfall‘ oder als vorherrschenden, maßgebenden Gedanken in seiner Bewegung erfaßt; ohne das Bedürfnis zu haben, ihn sonst zu unterscheiden, wollen wir diesen, sofern er unmittelbar auf Tätigkeiten sich bezieht und darin übergeht, als „Küren“ auszuzeichnen. Wünschen ist daher, als „zu tun wünschen“, ein konzentriertes Küren, ist mithin in allen ‚gekürten‘ Tätigkeiten, außer dem eigentlichen Tätigkeitsgefühle enthalten; dieses zuständliche komplizierte

Gefühl ist aber, wie in aller Empfindung wacher animalischer Tätigkeiten, so auch in deren Vorstellung enthalten, und hier ist es Streben
zur Empfindung, woraus, wie früher erörtert, ein Wollen unmittelbar
hervorgehen kann. Wollen oder Wille oder auch Aufmerksamkeit *ge-*
nannt wird jenes, wie es in der Empfindung gegenwärtig ist, und
allerdings auch in eigentlichem Wollen begründet sein kann; wovon
noch in Kürze zu reden sein wird. Nun könnte das Wort „Streben"
genügen, um den noch allgemeineren (als das Wünschen) Gefühlszustand zu bezeichnen, der als Aktivität der Wirklichkeit von Trieb und
Neigung entspricht. Indessen, da dieses Wort einerseits einen viel spezielleren sprachgebräuchlichen, andererseits einen noch weiteren psychologischen Sinn enthält, worin es allgemeine psychische Tätigkeit
auch der Vorstellungen bezeichnet, so bliebt eine Lücke auszufüllen,
um dem allem Lebendigen innewohnenden Drang zu Leben und Tätigkeit einen Verbal-Ausdruck zu geben. Aus diesem Gedankenbe-
dürfnis ist es entsprungen, daß *Schopenhauer* das „Wollen" zu einem
universalen metapsysisch-psychologischen Begriff zu machen versucht
hat; und in Würdigung dieses Versuches können wir davon absehen,
daß er das „Ding an sich" im Wollen zu ergreifen meinte, und folglich in allen Naturgesetzen es als das „Innere der Kausalität" wieder-
fand; davon unabhängig bleibt der Wert des Theorems, das in allem
Leben die Objektivierung eines unserem Wollen gleichartigen, psy-
chisch-einheitlichen Zustandes behauptet, und also „den Willen zum
Leben" zugleich als die Wurzel der organischen Natur und als Funda-
mentalbegriff aller Psychologie proklamiert[1]. Wir glauben, daß darin
eine richtige und bedeutende Einsicht enthalten ist, erachten aber, trotz
der verführerischen Klangwirkung jenes Ausdruckes, für unzweck-
mäßig, dem Begriffe des Wollens gar noch mehr von seiner Bestimmtheit zu nehmen, als es die Sprache schon getan hat, und wünschen
vielmehr diese Bestimmtheit, die durch Verbindung des Gefühles mit
menschlichem *Denken* gegeben ist, in aller Kraft wieder herzustellen;
da es bei der unermeßlichen Bedeutung dieser Konnotationen, doch als

---

[1] [Vgl. Arthur Schopenhauer, Über die vierfache Wurzel des Satzes vom
zureichenden Grunde, 7. Kap., § 43, „Gesetz der Motivation": „Die Motivation
ist die Kausalität von innen gesehen." Außerdem in seinem Hauptwerk,
Die Welt als Wille und Vorstellung, 2. Buch, § 21: „Wem nun ... die Erkenntnis geworden ist, ... daß nämlich das Wesen an sich seiner eigenen Erscheinung ... sein *Wille* ist, ... dem wird sie, ganz von selbst, der Schlüssel werden zur Erkenntnis des innersten Wesens der gesamten Natur, indem er sie
nun auch auf alle jene Erscheinungen überträgt, die ihm ... bloß einseitig,
als *Vorstellung* allein, gegeben sind." — Zum angesprochenen Problem der
Verbalisierung des „Willens" bei Schopenhauer vgl. den darauf folgenden
§ 22: „... deswegen konnte auch kein Wort zur Bezeichnung des Begriffs
dieses Genus (Willen) vorhanden sein. Ich benenne daher das Genus nach
der vorzüglichsten Spezies (des menschlichen Willens), deren uns näher-
liegende unmittelbare Erkenntnis zur mittelbaren Erkenntnis aller anderen
führt."]

notwendig sich erweisen würde, für den Begriff des menschlichen
Wollens einen besonderen Terminus wiederum auszuprägen. Wir halten daher für nützlich, die deutsche Terminologie durch einen neuen
Ausdruck für jenes Allgemeine, das hinter dem Wollen liegt, zu be-
reichern, und wir entnehmen ein solches Wort dem altdeutschen
Sprachschatze als Gêren, das ungebräuchlich gewordene Simplex zum
transitiven *Begehren*. Das Gêren also wird, je nachdem durch Genußempfindungen gefördert, oder durch Schmerzempfindungen gehemmt,
zu Lust und Unlust. Durch *Vorempfindungen* beider modifiziert, wird
jene zum Gelüsten, diese zur Angst, die wir nächst Lust und Unlust als
die allgemeinsten körperlichen oder sinnlichen Gefühle, noch gar nicht
bedingt durch Wahrnehmungen und Vorstellungen, bestimmen. In
bezug auf solche aber, und also auf Gegenstände, nennen wir Begehren das Streben nach Genuß und Besitz, Scheuen das Widerstreben gegen Schmerz und — fügen wir hinzu — gegen Besessenwerden; mit
der Vorstellung des Besitzens, wie mit seiner Empfindung, ist ebenso
die Lust Leben fördernder Tätigkeit, wie mit der Vorstellung und
Empfindung des Besessenwerdens die Unlust Leben zerstörender Leidenheit verbunden. Diese Strebungsgefühle aber heben sich als Tätigkeiten von den Zustandsgefühlen ab, durch ihre Empfindungs- und
Vorstellungselemente, und sinken darin zurück durch ihre Befriedigung. Nur eine entwickelte und komplizierte Art von ihnen ist das
‚Küren‘, was also gewöhnlich Wollen genannt wird, das jedesmal vor-
herrschende oder siegende Begehren oder Scheuen, sofern es nicht nur
mit Vorempfindung, sondern mehr oder minder klarer Vorstellung der
ihm folgenden Bewegungen verbunden ist[2]. Wünschen als Zustand
aber kann schlechthin als die Meinung oder der Glaube definiert werden, daß etwas Vorgestelltes, verwirklicht, Lustgefühle erwecken
würde; es geht nur in die Zukunft, während Wünschen als Tätigkeit
frei in alle Räume und Zeiten flattert. Der ‚reelle‘ Wunsch aber entspricht nur jenem. Wünsche sind nach ihrer Intensität verschieden und
haben danach mehr oder minder starke Wirkungen. Sie sind aber auch
nach ihrer Tiefe verschieden; es gibt starke aber oberflächliche, schwache aber innige Wünsche. Endlich sind sie nach ihrer Dauer verschieden: es gibt plötzliche und flüchtige gegenüber bleibenden und stetigen
Wünschen. Je mehr sie stark, tief und bleibend sind, desto leichter

---

[2] [Zu ‚gêren‘, bzw. ‚küren‘ vgl. das Deutsche Wörterbuch von Wilhelm und
Jakob Grimm, Bd. 4.1., Sp. 2551, bzw. Bd. 5, Sp. 2803. Etymologisch bringen die Brüder Grimm das ‚gêren‘ mit nhd. ‚Gier‘ in Verbindung, — was
in der Tat die Grundbedeutung von *Schopenhauers* ‚Wille‘ ist. Mit Tönnies'
‚gêren‘, ‚Lust‘, ‚Gelüsten‘, ‚Unlust‘, ‚Angst‘ stimmt Schopenhauers ‚Wille‘ ferner darin überein, daß auch er „noch gar nicht bedingt (ist) durch Wahrnehmungen und Vorstellungen". — Die eigentliche Gegenstands- und Objekt-
beziehung drückt sich dann bei Tönnies durch das ‚Begehren‘ und ‚Küren‘
aus: Letzteres hat bei den Grimms die Grundbedeutung des ‚Prüfens‘.]

gehen sie in ein Wollen des Typus A über und konsolidieren sich
darin. Auch schwächere, oberflächliche und plötzliche, indem sie sich
konzentrieren, bewirken ein Wollen des Typus B. Auch die geringsten
Wünsche aber gehen, wenn ungehemmt, unmittelbar in Tätigkeiten,
und also in Küren über, das wieder in ein zuständliches Zu-Tun-Wün-
schen sich sammelt. Dies bezeichnet insbesondere die ‚Gemütsbewegungen' oder ‚Affekte', die oft genug Ursachen singulären, aber auch
allgemeinen Wollens — in dessen Entstehung sie aber immer Widerstand finden an der Vernunft, d. h. einem stabilierten und in der Regel
allgemeineren Wollen —, weit öfter aber Ursachen von Tätigkeiten
[sind], die in unserem und eigentlichen Sinne nicht gewollt werden.
Ihnen gegenüber, die Aristoteles πάϑη (passiones animae) nannte,
trägt alles eigentliche Wollen, je mehr es allgemeines ist, den Charakter der ἕξις[3] (habitus).

§ 50.

Je allgemeiner das Wollen, desto mehr prägt es sein eigentliches
Wesen aus, das darin besteht, Norm oder Gesetz zu enthalten. Denn,
wie auch immer das *Gefühl* sich dazu verhalte, so ist jenes immer ein
Produkt oder Gebilde des Denkens, das etwas *Un*wirkliches setzt, und
ihm die Bestimmung gibt, Wirkliches zu modifizieren. Dieses Unwirk-
liche kann schlechthin sein-sollend genannt werden, wenn Sollen als
Objekt des Wollens verstanden wird, und hat also gleichzeitig die
Natur der Forderung, der Norm und des Gesetzes, die allesamt das
Merkmal tragen, daß sie als — wenn auch nur für das Subjekt, eventuell aber auch für andere Subjekte — „gültig" behauptet werden. So
erbaut das Wollen gleichsam eine Welt, die ‚de jure' existiert, neben
und über die Welt, welche „de facto" existiert, zugleich ihr nachgebil-
det und in Kontrast zu ihr[1]. Zu dieser Höhe entwickelt sich unver-
kennbar, und in ein ganzes Kulturwesen, das sich über die Wirklichkeit der Natur erhebt, das *soziale* Wollen, dessen Betrachtung jenseits
dieses Themas liegt. Aber schon das einfachste und singuläre individuelle Wollen offenbart sich in dieser seiner Natur, sobald es im Ver-
kehr der Menschen eine ejektive Realität gewinnt. Dies geschieht im
Versprechen, der Basis alles Vertrages und Rechtes, als der unter den
Menschen waltenden Vernunft. An das Versprechen fühlt man sich

---

[3] [ἕξις ist das dauernde Verhalten, die Haltung, die Einstellung.]

[1] [Hier kommt Tönnies' feine Korrektur des Marxschen Ideologiebegriffs
zum Ausdruck: die „Überbau"-Welt liegt ganz allgemein im Wesen des
menschlichen Willens, ist Produkt des Ordnungswillens von Menschen, die
sich nicht mehr im status naturalis befinden.]

„gebunden" und wird dafür gehalten, es ist der   λόγος, der das   ἔργον hervorbringt[2]. Jedes feste, bestimmte und klare Wollen ist ein Versprechen, das der Mensch sich selber gibt, und wird auch sprachlich oft so ausgedrückt; wenngleich das „Gelübde" in der Regel seinen Empfänger über den Wolken sucht. Als ein stillschweigend Versprochenes gilt alles, was als selbstverständlich in den gegenseitigen Beziehungen der Menschen vorausgesetzt und erwartet wird, weil es dem *normalen* Wollen, sei es von Menschen überhaupt, sei es in diesen bestimmten Beziehungen, entspricht.

§ 51.

Die gesamten, bisher nicht angezogenen Ausführungen *Sigwarts* (S. 127 - 139, S. 168 - 208) beziehen sich auf das, was er „den zweiten Akt des Dramas, den Prozeß der Verwirklichung des Zwecks" nennt[1]. Darin findet sich manches, was mit hier Vorgetragenem sich nahe berührt, indem es auf das Wollen selbst ein Licht zurückwirft, besonders am Schlusse, wo von Regeln und allgemeinen Zwecken, von der Ausbildung eines Habitus, der die Unterordnung des einzelnen Wollens unter die festen Zwecke (der Begriff des Zweckes umfaßt hier alles, was wir Objekte des Wollens oder etwa Interessen nennen würden)[2] zur *Gewohnheit* werden lasse; von unbewußtem Wollen und von der bleibenden Gesinnung, die die Form des Triebes annehme, geredet wird. — Die Beschreibung des zweiten Aktes selbst ist aber insofern mangelhaft, als sie sich geflissentlich beschränkt auf die „häufigeren Fälle, in denen es sich um einen Zustand äußerer Dinge und ihr Verhältnis zu mir handelt" und die Fälle „beiseite läßt, in denen der gewollte künftige Zustand (immo: die Tätigkeit) selbst ein bloß innerer (eine bloß innere) ist" (S. 127). Wenn eine vollständige Analyse des Wollens ins Auge gefaßt wird, so dürfen offenbar diese Fälle keineswegs außer acht gelassen werden; und sie sind um so wichtiger, da sie das wirkliche Verhältnis dieses zweiten zum ersten ‚Akte' reiner darzustellen scheinen. Denn auf Grund seiner Verallgemeinerung der übrigen Fälle legt *Sigwart* den Hauptunterschied darin, daß der erste Akt etwas rein „Inneres", d. h. psychisches sei, während in der Ausführung die Tätigkeit über dieses Gebiet hinaus in die äußere d. h. körperliche Welt eintrete. Wie sehr nun auch diese Fälle ihre eigentümlichen Merkmale haben, so verbietet doch die Mitbetrachtung der

---

[2] [Vgl. das Motto, unter das Tönnies seine vorliegende Abhandlung der Preisfrage stellte.]

[1] [Sigwart, a.a.O., S. 127 - 139: „Prozeß der Verwirklichung des Zwecks"; S. 168 - 208: „das Stadium der Ausführung".]

[2] [In der Handschrift befinden sich eckige Klammern.]

anderen, solche Merkmale als etwas für die Verwirklichung des Wollens *Wesentliches* hinzustellen. Denn in diesen „minder häufigen Fällen ist jedenfalls auch die *Ausführung* des Gewollten etwas rein Psychisches, und es ist vielmehr Grund vorhanden, dies als das Typische aufzufassen, denn, wie auch die anderen Fälle beschaffen sind, so ist doch das Psychische in ihnen *auch* vorhanden, denn jede Bewegung „meiner Sprechwerkzeuge, meiner Arme, meiner Hand" ist unmittelbar nur psysische Tatsache, und, daß solche Bewegungen außerdem objektive Realität haben können, indem sie von mir selber und von anderen als Bewegungen von Gegenständen wahrgenommen werden, darf nicht nur, sondern *muß* von der psychologischen Ansicht aus als *sekundäre* Tatsache erscheinen. *Jede* psychische Tatsache, insofern als sie *zugleich* Bewegung ist, ist ihrem Wesen nach *auch* wahrnehmbar, wenn auch unsere Sinne, selbst mit Hilfe von X-Strahlen und schärfsten Mikroskopen, sie wahrzunehmen immer unfähig bleiben; *daß* aber jede psychische Tatsache zugleich, d. h. in objektiver Projektion, Bewegung, d. h. Veränderung oder Beharrung der Konfiguration eines materiellen Systems ist, dafür spricht bekanntlich alle Evidenz, und die ganze Masse der Analogie; wir brauchen uns auch nur zu vergegenwärtigen, daß z. B. das Denken des Menschen ein lautloses Reden ist, und, wie sich nachweisen läßt, mit leisen Innervationen der beim Sprechen beteiligten Muskeln einhergeht, so daß eine fortwährende Miterregung des Sprachzentrums in der Großhirnrinde gefolgert werden muß — um einen Effekt dieser Bewegungen auf andere Körper, und also auch auf die Nervenenden anderer Organismen an und für sich als ebenso verständlich zu erkennen, wie etwa die Wirkung einer Kontraktion der Armmuskeln auf einen Hebel einerseits, auf die Retina eines Zuschauers andererseits. Daß aber gehörte Worte — ein unendlich feines Gehörorgan müßte die gedachten Worte eines anderen vernehmen können, wie jeder seine eigenen vorstellend vernimmt — erst, indem sie verstanden, d. h. auf die Vorstellungen und übrigen psychischen Erlebnisse, deren Zeichen sie sind, *bezogen* werden, diese *mitzuteilen* vermögen, unterscheidet sie von denjenigen Bewegungen nicht, aus deren Wahrnehmung wir auf das Dasein *physischer* Qualitäten und Substanzen zu schließen pflegen; nur, daß wir hier über die Sphäre der Zeichen gar nicht hinauszugehen vermögen; denn, wie wohl alle anerkennen müssen, bedeutet die Behauptung des Daseins von Materie, und vollends der sensiblen Qualitäten nichts, als die wohlbegründete Mutmaßung, daß der sie wahrnehmende Organismus ein *normaler* sei, d. h. daß jeder wahrnehmende Organismus die gleichen Sensationen habe, oder haben würde, der mit den gleichen Bedingungen ausgestattet sei, daß also aus der stattfindenden Wahrnehmung auf viele andere, nach Maßgabe der Erfahrung, geschlossen werden dürfe.

§ 52.

Wenn wir nun also die Ausführung jedes Wollens, ebenso wie dieses selbst, als psychische Tatsache betrachten, so kann der wesentliche Unterschied nur darin bestehen, daß sie verschiedene Arten von psychischen Tatsachen repräsentieren. Dies ist nun allerdings der Fall, und wir haben es schon damit bezeichnet, daß das Wollen als psychischer Zustand gedacht wird, denn offenbar ist die Ausführung psychische *Tätigkeit*. Wenn wir also das Wollen als *Ursache* des Tuns auffassen, so lassen wir einen psychischen Zustand Ursache psychischer Tätigkeit sein. Es fragt sich nun, in welchem Sinne dies zu verstehen sei. Wir wissen, daß in dem Zustande, der zeitlich früher vorhanden, die Tätigkeit gewissermaßen enthalten ist, nämlich als vorgestellte oder gedachte. Um vorgestellt oder gedacht zu werden, muß sie aber ihren Elementen nach früher *erfahren* worden sein, denn wir bilden Vorstellungen nur als Reproduktionen von Empfindungen und Wahrnehmungen; um etwas zu kennen, muß man es kennen *gelernt* haben. Nun können wir das Psychische einer Tätigkeit nur an uns selber erfahren; es gilt also allgemein: um gewollt zu werden, muß eine psychische Tätigkeit früher erfahren worden sein, mithin als ungewollte — und dies bestätigt uns die Beobachtung reichlich. Wir gewinnen aber den Schluß daraus, daß jede psychische Tätigkeit möglich ist, *ohne* als Ausführung eines Wollens (in dem hier gedachten Sinne) zu geschehen; *daß* sie so ins Leben tritt, ist ihr also akzidentiell. Die *ungewollte* Tätigkeit ist die erste Tatsache; daß sie gekannt und erinnert wird, die zweite; das Wollen ihrer die dritte; und mit der Ausführung des Wollens schließt sich das Quadrat. Es findet also eine Verwandlung psychischer Tätigkeit in den psychischen Zustand des Wollens und eine Rückverwandlung in psychische Tätigkeit statt. Der psychische Zustand des Wollens hat aber den psychischen Zustand des Kennens zur Voraussetzung, dieser verwandelt sich zunächst durch die Reproduktion in eine aktuelle *Vorstellung*, dann erst ist die Tätigkeit des Beschließens möglich, die hier als das Wollen bildend vorausgesetzt wird; sie aber involviert ferner die Meinung des Könnens dieser Tätigkeit, d. h. daß überhaupt oder zu einer bestimmten kommenden Zeit aus der *eigenen* psychischen Tätigkeit die gewollte Tätigkeit als deren Vollendung oder Wirkung sich ergebe. Dieser Meinung liegt das allgemeine Lebens- und Kraftgefühl zu Grunde; in spezieller Anwendung kann sie aber nur durch Erfahrung entstehen, und wird um so fester und sicherer sein, je mehr durch häufige Erfahrung gewohnheitsmäßige Erwartung entstanden ist. Nun haben wir angenommen, daß die Tätigkeit nur als ungewollte gekannt wird; es fehlt also zunächst dieser Meinung jedes Material, außer dem allgemeinen Lebens- und Kraftgefühl, das ihr zu Grunde liegt. Dieses kann sich auf jede beliebige Tätigkeit anwenden, und wird

es tun, je nach dem Triebe, der in ihr prävaliert, je nach Begehren oder
Scheuen, Versuche, d. h. Anfänge solcher Tätigkeiten machend, die,
je nachdem mit dem Triebe sogleich eine mehr oder minder vollkommene Fähigkeit verbunden ist, mehr oder minder gelingen und zur
Vollendung der Tätigkeiten führen[1]; je mehr sie aber gelingen, und das
heißt, je besser die Fähigkeit dazu sich ausgebildet hat, desto mehr
genügt das bloße aktive Wünschen, — was man den Willens*akt* zu nennen pflegt —, um die Tätigkeit als fertige und einheitliche auszulösen.
Wir haben Wünschen als das in Vorstellungen sich konzentrierende
qualitative Streben und [als] dadurch bedingten Zustand kennen gelernt; jenes aber wollten wir, sofern es auf eigene Tätigkeiten geht, als
Küren unterscheiden. Nun ist die von *Sigwart* gegebene Beschreibung,
wie ein Gewolltes, in den von ihm gemeinten Fällen, zur Ausführung
komme, ganz richtig, daß sie nämlich eine Reihe von aufeinander folgenden ‚willkürlichen‘ Bewegungen, deren jede durch einen besonderen
‚Willensimpuls‘ hervorgebracht werde, erfordere; kurz zuvor hat er
willkürliche Bewegungen ‚im engeren Sinne‘ von solchen unterschieden, die gewöhnlich als unwillkürliche bezeichnet, von ihm aber unter
den willkürlichen ‚im weiteren Sinne‘, als solchen, die durch einen
Bewegungsimpuls eingeleitet werden, befaßt werden. Wir meinen nun,
was die willkürlichen Bewegungen und anderen Tätigkeiten (Denken)
psychologisch auszeichnet, ist die Gegenwart des Wünschens in ihnen,
das, während sie vollzogen werden, *beharrt*, als ein sich befriedigendes,
sich sättigendes Wünschen; mit ihren Anfängen (als psychischen) ist
aber die Wunschregung, der Wunschgedanke, den wir Küren nennen,
identisch; er ist dem *Akte* der Entschließung verwandt und wird in
der Sprache regelmäßig dadurch ausgedrückt; wie dieser ist er ein
„mit sich einig werden“, aber er erzeugt dadurch kein Wollen, sondern
die Tätigkeit selber, d. h. was noch außer der Empfindung psychologisch real in ihr ist. Und diese untergeordnete Entschließung, wie wir
sie nennen mögen, zu der vorausgewollten Tätigkeit — und zwar zu
jeder einzelnen Tätigkeit, wo ein Komplex von solchen gewollt war —
ist nun in der Tat als Ausführung eines eigentlichen Wollens jedesmal
notwendig, und ist selber durch ein *Gefühl* des Könnens, das aus der
geübten und gelernten Tätigkeit in seiner speziellen Gestalt sich entwickelt hat, bedingt; welches Gefühl unmittelbar in eine Vorausemp-
findung und unbewußte Schätzung z. B. des Gewichts eines zu heben-
den Gegenstandes übergeht; diese aber, und somit auch das Gefühl des
Könnens, beruht auf der Erfahrung dieser Empfindung, die sich mit

---

[1] [Der m. E. syntaktisch etwas komplizierte Satz gliedert sich in folgende
Struktur: „Dieses (sc. Lebens- und Kraftgefühl) kann sich auf jede beliebige
Tätigkeit anwenden, und wird es tun, je nach dem Triebe (...) Versuche (...)
machend, die (...) mehr oder minder gelingen und zur Vollendung der Tätigkeiten führen;“].

der Vorstellung des Gegenstandes assoziiert hat. Wenn nun aus dem Wollen als seine Ausführung diese einzelnen „Kürakte", wie wir sie nennen wollen, erfolgen, und die Meinung, daß dies geschehen werde, schon im Wollen enthalten war, so enthält diese Meinung auch das Gefühl jedes einzelnen Könnens als vorgestelltes; es genügt für sie, daß das Wollen durch das Mittelglied der Kürakte die Tätigkeiten zur Folge haben werde, und mehr kann sie auch nicht erreichen, als daß die Erfahrungen *dieser* tatsächlichen Erfolge sich häufen und die Meinung zu einer sicher begründeten machen. Zwischen die ungewollte und die gewollte Tätigkeit schiebt sich also eine dritte, die wir die gekürte nennen; denn der Name ‚willkürlich', mit dem sogar in der Physiologie die geübten (quergestreiften) *Muskeln* geschmückt werden, ist irreführend; nicht nur wegen anderer Bedeutungen des Wortes ‚Willkür', sondern auch, weil die vielfachen Kontraktionen willkürlicher Muskeln, ohne vorausgehende besondere Kürakte gerade die gekürte Tätigkeit — je besser sie gekonnt wird — auszeichnen, die nur durch einen solchen Kürakt eingeleitet wird; für den Rest genügt das relativ passive ‚Wünschen'.

§ 53.

Die Kausalität des Wollens löst sich also in 2 Kausalitäten auf: 1, Übergang des Zustandes Wollen in den Kürakt (oder *die* Kürakte) 2, Übergang jedes Küraktes in die gekürte Tätigkeit, d. i. in den Zustand des befriedigten Wunsches. — Bedingung für die erste [Kausalität] ist das Dasein des Wollens über die Zeit hinaus, da es gebildet wurde, also seine Beharrung, oder seine Reproduktion. Beharren kann es durch seine eigene Kraft, *oder* durch Hilfe, die ihm zuteil wird. Seine Kraft liegt in seinem Inhalte *oder* in seiner Form (oder in beiden). In seinem Inhalte: das ist dessen Bedeutung oder Gewichtigkeit; sie ist selbst wieder höchst mannigfach und entweder absolut, nämlich bedeutend für den Menschen als Menschen, oder relativ, nämlich bedingt durch Geschlecht, Lebensalter, Neigungen, Gewohnheiten, Erinnerungen, Stimmungen, Meinungen und alle persönlichen Verhältnisse. Bedeutend für den Menschen als Menschen ist das Wollen durch den Zusammenhang mit dem Leben schlechthin; d. i. mit den Interessen und den Zwecken. Nach dem Maße der absoluten und relativen Bedeutung ist das Beharren des Wollens aus eigener Kraft wahrscheinlich. Das Bedeutende, so mögen wir bildlich vorstellen, nimmt einen großen Raum im Bewußtsein ein, aus dem es daher anderes verdrängt, und aus dem es nicht leicht verdrängt *werden* kann; daher bleibt es, auch im unbewußten Gebiete der Seele, nahe und in steter Bereitschaft hervorzutreten. — Die Kraft der Form ist die der Qualität des Wollens, seine Festigkeit oder Entschiedenheit, seine ‚Energie‘. Solche Qualität kann auch an sich unbedeutendes Wollen auszeichnen und beharren machen. Sie ist aber wesentlich durch *allgemeineres* Wollen, sei es des Typus A, d. i. durch Eigenschaften und Gemüts-Zustände, oder des Typus B, d. i. durch Zwecke bedingt, oft aber auch durch Affekte und alle Arten der Erregung. — Äußerlich gefördert wird ein Wollen durch dieselben Einflüsse, die es auch zu hemmen oder zu erschüttern vermögen: hinzukommende Empfindungen, Wahrnehmungen, Vorstellungen, Gedanken, insbesondere [das] Raten und Abraten Anderer, Beispiele, Zeichen von Billigung oder Mißbilligung; aus alledem entspringende Steigerung und Erneuerung, oder Dämpfung und Unterdrükkung der dem Wollen zu Grunde liegenden Gemütszustände einerseits, der es bestimmenden Zweckgedanken andererseits. Und zwar kann das Wollen sowohl seinem Inhalt, wie seiner Form nach, gewinnen, sich gleich bleiben, oder verlieren. — Wenn aber das Wollen *nicht* beharrt, so wird es entweder „aufgegeben“, „fallen gelassen“, oder aber es wird vergessen, d. h. löst sich nicht *als* Wollen auf, sondern verschwindet als Tatsache des Gedächtnisses, obgleich es vielleicht Wollen blieb; umgekehrt kann es aufgegeben werden, zeitweilig oder für immer, und doch lebhaft, leicht reproduzierbar, im Gedächtnisse bleiben: im ersten Falle als ein noch Gewolltes, aber Verschobenes, im anderen als früher Gewolltes, eine einfache Tatsache, Inhalt eines Meinens als Wissens. Vergessen wird unzähliges Wollen, teils weil es zu unbedeutend war, teils weil es zu lose oder locker war, um als gedachtes zu beharren. Aber vergessenes Wollen kann „wieder einfallen“; die Empfindung davon wird reproduziert, zu rechter Zeit, oder zu spät für die Ausführung — für die Ausführung überhaupt, oder für diesmalige Ausführung; wenn nur für diesmalige, so bedeutet leicht die Erinnnerung eine Anregung dazu, daß der Vorsatz, also das Wollen, *erneuert* wird, ist dann in der Wirkung gleichartig mit einem zeitweilig aufgegebenen und verschobenen Wollen, überhaupt aber relativ rechtzeitige Reproduktion, wenn nicht die Unmöglichkeit diesmaliger Ausführung Grund wird zum Aufgeben für unbestimmte Zeit oder für immer. Die rechtzeitige Reproduktion aber erfolgt entweder unabhängig vom originalen Wollen: indem der Strom des seelischen Lebens durch assoziierte Vorstellungen sie mit sich bringt, wobei das Auftauchen solcher durch beharrende Elemente der Umgebung begünstigt, durch wechselnde erschwert wird; besonders aber, indem fremdes Wünschen und fremdes Wollen hineingreifen, die — aus welchen Motiven immer — mich an mein Wollen erinnern. *Oder* sie erfolgt abhängig vom originalen Wollen, indem sie darin eingeschlossen oder mit ihm verbunden war; dann findet nur ein scheinbares Vergessen statt, indem das Beharrende nicht mehr auf

der Oberfläche des Bewußtseins schwimmt, wohl aber in sicherer Hut
gehalten wird, um zu seiner Zeit — wenn der Moment es fordert —
hervorgezogen zu werden. Dann muß aber das (eingeschlossene oder
verbundene) Erinnernwollen auf der Oberfläche beharren; was ist dies?
Ist das Erinnern eine Tätigkeit, die gewollt werden kann? Offenbar
nur unter dieser eigentümlichen Bedingung, daß es fortwährend gewollt wird bis zur Ausführung, d. h. der wirklichen Erinnerung, das
Wollen geht dann nicht darin über, sondern es ist mit ihm da; denn
wenn es inzwischen vergessen wurde, so ist seine Reproduktion selbst
wieder relativ zufällig *oder* von seinem Gewolltsein abhängig: wenn
relativ zufällig, so ist die Erneuerung mit der Ausführung identisch,
diese dann aber nicht Wirkung des Wollens; wenn abhängig, so betrifft das Problem ein anderes Erinnernwollen. Obgleich nun das Erinnern wirklich unter jener erschwerenden Bedingung gewollt werden
kann, während es *nicht* kürbar ist — denn Voraussetzung des Kürens
einer Tätigkeit ist offenbar deren Gegenwart in der Vorstellung, das
Sicherinnern kann aber nicht vorgestellt und dann gekürt werden,
denn sein irgendwie Dasein ist auch sein Geschehen —: so wird es doch
lieber, eben wegen solcher Schwierigkeit, als Zweck vorgestellt, und
ein Mittel, als dessen Wirkung es erwartet wird, nicht gewollt, sondern
sogleich hergestellt; die Unsicherheit des Sicherinnerns kann nicht auf
ein Wollen bauen, das selber erinnert werden (oder im Gedächtnisse
beharren) muß; sie muß zurückgreifen auf stabilere psychische Tatsachen, dergleichen ein Gegenstand als wahrnehmbarer ist, von dem mit
Sicherheit erwartet werden kann, daß er wahrgenommen werden
wird. — Aber auch das stetige Erinnernwollen fordert nicht eine fortwährend präsente (bewußte) *Vorstellung;* es kann auch ohnedem beharren, wie jedes andere Wollen, als konzentrierte seelische Kraft, die
als Zustand, verglichen mit präsenten Vorstellungen und Empfindungen als Tätigkeiten, unbewußt bleibt, daher z. B. auch im Schlafe dauert.

§ 54.

Wenn nun Wollen beharrt, und auch im Gedächtnisse bleibt, resp.
reproduziert wird, so wird es wirksam, indem es sich verwirklicht. Es
findet nicht der Übergang von Vorgestelltem in Wirkliches, d. h. Objektives statt; dies wäre unzulässige Verallgemeinerung des Falles, daß
aus dem „rein inneren" Wollen wahrnehmbare Bewegung wird; in
Wahrheit ist jener Übergang auch hier nicht vorhanden, sondern, wenn
das Wollen sich als Kürakt verwirklicht, so geschieht ebenfalls nichts
als eine Lösung oder Entspannung gebundener Seelenkraft. Die Veränderung ist nicht wesentlich verschieden von der auf assoziativem

Wege zustandekommenden Reproduktion einer Empfindung; wenn
anders diese Reproduktion dadurch erklärt werden muß, daß etwas
von der originalen Empfindung in unbewußtem Zustande *blieb* und
durch die mit ihr zusammenhängenden — zeitlich nahen oder ähnlichen Empfindungen — geweckt oder gehoben wird. Allerdings meinen
wir auch „willkürlich" Empfindungen reproduzieren zu können —
eine leicht widerlegbare Täuschung, von der auch manche Psychologen
sich nicht befreien; da doch ein Kürakt die Prüfung der Vorstellungen
voraussetzt, auf die er sich so bezieht, daß er eine von ihnen „vor-
zieht", d. h. seine Kraft auf sie konzentriert, sie dadurch fördert, stärkt,
heraushebt. Soll ein Denken gewollt werden, so muß es — nach der hier
zu Grunde gelegten Voraussetzung — beschlossen worden sein; dies
Beschließen setzt sein künftiges Wirklichwerden fest; es kann nicht
durch einen Kürakt wirklich werden; es muß festgehalten werden, tritt
es dann ein zu rechter Zeit, so wird es gleichsam losgelassen. Es ist geschehen, was auch sonst geschieht, wenn eine Vorstellung, ein Gedanke,
bleibt und zu einer gewissen Zeit wiedererscheint. Aber der Wollende
hat diese gewisse Zeit vorausgesehen; er hat das Wiedererscheinen in
diese Zeit hinausgelegt; er hat durch seinen Beschluß ein gegenwärtiges
Festhalten mit dem zukünftigen Lösen (des Gedankens) in einen Akt
verbunden; er hat das zukünftige Stück davon jetzt gesetzt als zukünftiges; in der Verwirklichung setzt er es nochmals als gegenwärtiges. Das alles will sagen: er hat das sonst minder wahrscheinliche
wahrscheinlicher gemacht, im besten Falle gesichert — und das ist die
eigentliche Funktion des Wollens. Nicht wesentlich anders, wenn es sich
um ein eigentliches Tun handelt. Gesetzt, das Wollen beharrt, als Wollen und als gedachtes, es ist weder aufgegeben noch vergessen. Der
Zeitpunkt ist da — dann ist aber mit dem beharrenden Wollen nicht,
wie in jenem Falle, auch das Gewollte vorhanden; es muß erst geschaffen werden. Dieses Schaffen geschieht durch die Kürakte — denn wir
sehen ab von dem möglichen Falle, daß es durch einen einzigen solchen
erledigt würde. Das Wollen geht in die Kürakte über, sagen wir. Es
löst sich gleichsam in sie auf. Aber zugleich bleibt doch der in
ihm enthaltene Gedanke, die Idee eines Ganzen, als leitender Gedanke in und über diesem oft höchst mannigfachen Schaffen. Jeder
Kürakt und die darin enthaltene Vorstellung ist Konsequenz dieses
Gedankens. In dem Maße daher, als der leitende Gedanke lebendig
und wirksam ist, sind die Kürakte, so, wie sie geschehen, *logisch* notwendig, *und werden auch als solche empfunden*. Das Subjekt hat, neben
einem schwachen Gefühle der Freiheit, das mit dem Kürakt als solchem
verbunden ist, ein stärkeres Gefühl des Genötigtseins durch seinen
eigenen Gedanken, des Müssens oder Sollens. Der Form nach nicht
anders, als wenn die Verwirklichung eines *fremden* Wollens, die Lei-

tung durch einen *fremden* Gedanken geschieht. Auch hier sind die *Kürakte* die eigenen — und insofern handelt auch der Genötigte mit *freiem Willen* — quamquam coactus tamen voluit[1] — und doch sagen wir, wenn es z. B. ein Sklave ist, er *habe* keinen eigenen Willen; in der Tat: Das Wollen ist des Herrn, die Kürakte sind seine eigenen. Er wird z. B. als Villicus auf ein Landgut geschickt; sein Herr befahl ihm, dort Ordnung zu schaffen, die Bücher zu suchen usw. Der Herr will das alles getan haben; er kann oder will es nicht selber tun, er tut es *durch* den Sklaven. Dieser ist sein Organ. Aber das Organ faßt seine freien Entschlüsse, d. h. Kürakte; nicht nur in bezug auf die Reise, sondern auch in bezug auf das was dort geschehen soll; seine Kürakte können wieder Wollen für die ihm untergeordneten Sklaven darstellen. Ja, da er nicht nur Organ, sondern auch ein selbständiges Individuum ist, so ist er, und weiß sich, *fähig*, auch ein eigenes Wollen dem Wollen des Herrn *entgegenzusetzen;* er könnte z. B. den Entschluß fassen, anstatt die Befehle auszuführen, einen Versuch zu machen, der Knechtschaft zu entfliehen. Der Gedanke beschäftigt ihn; er malt sich die Reize der Freiheit aus; er *wird* aber nicht entfliehen; sollte er auch den Entschluß fassen, er wird ihn niemals ausführen; er wird sich, wenn der entscheidende Augenblick naht, eines anderen besinnen; den *festen* Entschluß wird er niemals fassen, er hat längst *verlernt*, selbständig zu wollen; die Gewohnheit, fremdem Wollen untertan zu sein, ist das starke Band, das ihn fester als Eisen und Erz in seiner Lebensstellung hält. Der Zustand des eingeengten Bewußtseins ist nur graduell von dem des wohlgeschulten Sklaven verschieden.

§ 55.

Aber wir kehren von dieser Vergleichung zu den innnerhalb der individuellen Psyche zu beobachtenden Verhältnissen zurück. Und zwar gilt es den Kürakt nach Wesen und Wirkungen ins Auge zu fassen. Er ist nicht notwendigerweise abhängig von einem ihm vorgesetzten Wollen, wenigstens nicht von einem singulären Wollen, wie es hier allein betrachtet wird. Unzählige Kürakte erfolgen, ohne daß dabei an ein solches Wollen gedacht wird. Da sind zunächst die aus augenblicklichen Einfällen entspringenden; diese Einfälle folgen selber wieder auf andere Vorstellungen, oder auf Sinnesempfindungen, nach Gesetzen der Assoziation. Der Einfall ist etwas unmittelbar Anziehendes oder Abstoßendes; er kann aber auch eine fern sehende Hoffnung oder Furcht sein. Je mehr die einen oder die anderen schlummernde Vorstellungs-

---

[1] [obgleich gezwungen, hat er doch gewollt].

massen aufregen, Begehren und Scheuen entfesseln, um so mehr werden die leidenschaftlichen *Affekte* auch bedeutende Kürungen zur Folge haben und unüberlegte Handlungen erzeugen. Der Akt, der ein *Wollen* begründet, beruht immer in einem logischen Prozeß, ist daher etwas dem Menschen eigentümliches, und um so wahrscheinlicher, je höher entwickelt die menschlichen Fähigkeiten des Denkens. Der Kürakt ist nur durch Vorstellungen überhaupt bedingt, daher, wie sehr er auch durch menschliche Ideen vermannigfacht und modifiziert werde, ja gerade im Denken selber am freiesten waltet, an sich auch anderen animalischen Wesen möglich, wenn auch sichere Zeichen davon nur bei einigen Tieren bemerkbar sind. Der Akt des Beschließens erzeugt einen Zustand, der zukünftige Tätigkeit im Voraus setzt und sozusagen gebietet; es ist dafür wesentlich, daß sie durch Worte bezeichnet und „eingeprägt" wird. Der Kürakt ist nichts als das Festhalten einer infolge dessen [sc. des Zustands] oder sonst auftauchenden Vorstellung von Tätigkeit, die Einstellung der Aufmerksamkeit d. i. Zusammennehmung der Kraft, die bei einer solchen Vorstellung Beginn der Tätigkeit selber ist; was durch ihn hervorgebracht wird, ist ein Wünschen, das während der ganzen Tätigkeit beharrt, und in zahlreichen einzelnen Impulsen wirksam ist, die in den Teilakten sukzessive auftreten; aber nicht nur als Förderung dieser Impulse, sondern zugleich als Hemmung anderer, die sich ungerufen anschließen ‚wollen‘, und in der Tat, ehe die Herrschaft des Wünschens durch wiederholte Versuche ausgebildet ist, sich als „Mittelbewegungen" einstellen. Denn alle diejenigen Tätigkeiten nennen wir ja willkürlich oder dem Willen gehorchend, die nicht wie die organisch-vegetativen nur im Gesamt-Lebensgefühl als psychische vorhanden sind, auch nicht als Triebe unmittelbar vollkommen sich vollenden, sondern der gegenseitigen Anpassung und Verbindung gewisser Impulse, der Unterdrückung anderer bedürfen, um als Einheiten „Fertigkeiten" zu werden und der aufmerksamen Vorstellung ihrer selbst so zu folgen, wie ihre einzelnen Stücke durch innerlich empfundene [Reizungen] oder durch Reizungen der Sinnesflächen hervorgerufen werden. — Wir denken also, daß die *Impulse* ebenso dem Wünschen untertan sind, wie die Kürakte dem Wollen. Der Impuls aber verhält sich zum Zustande des Tätigkeitsgefühles oder, wie wir gesagt haben, Gêrens, wie der Kürakt zum Zustande des Wünschens und der Akt des Beschlusses zum Zustande des Wollens. Jeder dieser Akte ist — wenn auch unter weit auseinanderliegenden Bedingungen — eine Einigung verschiedener Strebungen; diese allgemeinste Art psychischer Tendenz müssen wir noch unterhalb des Impulses annehmen. Der Impuls aber ist ebensowenig immer abhängig vom Wünschen, wie der Kürakt vom Wollen. Wir beobachten den Impuls in seiner Freiheit auch an uns vernünftigen Menschen, aber seine

Entstehung bemerken wir nicht; er folgt den Empfindungen, und so wenig wir der synthetischen Einheit der Apperzeption, die in sie hineinverlegt wird, uns bewußt sind, ebensowenig können wir die Wahl, die in der unwillkürlichen Reaktion (des Gefühles) gewisse Strebungen verbindet, andere ausschließt, als solche begreifen. Wir können aber ihr Wesen erschließen aus der Analogie der Wirkungen. Auch das impulsive Tun erscheint als freie organische Bewegung, und auch in ihm finden wir eine Einheit des Triebes, die den Lebenszwecken und Aufgaben angemessen ist und diese Angemessenheit kundgibt durch ein stetig-positives Verhalten zu Genußempfindungen, ein stetig negatives zu Schmerzempfindungen, also durch Lust und Unlust.

Allen diesen Formen ist das Gefühl einer sich konzentrierenden und (alsbald) konzentrierten Energie gemeinsam, welches Gefühl also das ursprüngliche und allgemeine Wesen, so zu reden das Protoplasma des Wollens darstellt. —

Exkurs über das Wollen in der Sprache
(insbesondere in der deutschen)[1]

Die Bedeutung eines *Wortes* läßt sich nur feststellen von einem, der die Sprache, die das Wort enthält, versteht und kennt, *für* Solche, die dieselbe Sprache entweder nicht verstehen und kennen oder die sie gleichfalls verstehen und kennen. In letzterem Falle — der hier gegeben ist — muß auf *Einverständnis* und auf Zustimmung gerechnet werden, d. h. auf gleiche oder hinlänglich ähnliche Erinnerungen in Betreff des Sinnnes, der dem Worte gewohnheitsmäßig beigelegt wird.

Nun aber muß hier von der allgemeinen Sprache und ihrem Gebrauche die besondere Sprache der Wissenschaft unterschieden werden, und als solche kommt 1, die der Philosophie schlechthin 2, die der Psychologie 3, die der Jurisprudenz in Betracht. In jedem dieser Lehrfächer wird das Wesen des „Wollens" erforscht und es findet zu diesem Behufe in mehr oder minder bestimmter Weise eine Feststellung des *Begriffes* „Wollen" statt, d. h. eine Erklärung darüber, was das Wort im Sinne der darzustellenden Wissenschaft bedeuten *solle*, eine freie Definition.

Diese aber pflegt sich — aus Ursachen oder Gründen, die hier übergangen werden — an den gewöhnlichen Sprachgebrauch so anzuschließen, daß sie oft diesen nur *auszulegen*, zu interpretieren meint und beabsichtigt.

Indessen verhält sich tatsächlich doch die *Philosophie* am *freiesten* in Bestimmung dieses und ähnlicher Begriffe, wenn sie nicht, durch ihre praktischen Neigungen verführt, das Geschäft solcher Begriffsbestimmung ablehnen zu dürfen glaubt und ihre Feiheit gerade darin sucht, nach Belieben die Worte der gewöhnlichen Sprache zu gebrauchen und ihnen, je nach dem Bedürfnisse der Überredung, bald den Sinn zu lassen, den sie als mehr oder minder festen im gewöhnlichen Sprachgebrauche haben, bald durch Dehnung oder Einengung dieser

---

[1] [Die Wörter „Exkurs über" von Tönnies später gestrichen, — was die Vermutung nahelegt, daß er diese linguistische Arbeit unabhängig vom Haupttext weiterverwenden wollte. — Zur einheitlichen Kennzeichnung der Wörter (Lexeme) im Unterschied zu deren Bedeutung (Semantik) mußten im Text des *Exkurses* einige Eingriffe bei der Zeichensetzung vorgenommen werden. Die Lexeme wurden sämtlich in „..." gesetzt (in der Handschrift ist dies nur gelegentlich der Fall), die *Bedeutungen* hingegen kursiv.]

Grenzen ihnen einen mehr allgemeinen oder mehr besonderen Sinn zu verleihen.

Am meisten beflissen, an die Sprache des täglichen Lebens sich anzuschließen, ja diese nur zu interpretieren, ist hingegen die Jurisprudenz; und wiederum wirkt ihre Sprache, oder doch die ihres Gegenstandes und unter Umständen Produktes, des Rechtes, also auch der Gesetze, am stärksten auf die allgemeine Sprache *zurück;* das Recht und das soziale Leben liegen einander so nahe, daß auch ihre *Ausdrucksweise* in der engsten Wechselwirkung miteinander stehen. Und doch hat gerade die Rechtsdeutung — sei es durch Theorie oder durch Gerichte — wie auch die ihr vorarbeitende Gesetzgebung, durchaus nötig — um dem Streite vorzubeugen und um Streit zu entscheiden — den Wortbedeutungen *scharfe Grenzen* zu ziehen, eventuell also andere *Meinungen* darüber — seien diese auf gewöhnlichen oder auf wissenschaftlichen Sprachgebrauch begründet — einfach beiseite zu schieben.

Der *Psychologie* liegt in unmittelbarster Weise ob, zu untersuchen, was das Wollen eigentlich sei. Denn, wenn das Wort nicht völlig aus der gewöhnlichen Sprache herausgerissen werden soll, so muß daran festgehalten werden, daß es in seinem *eigentlichen* Sinne eine psychische Tatsache bezeichnet, sei es, daß als grammatisches Subjekt ein lebendes, — mit Seele begabtes — Wesen hinzugedacht, oder daß dies nicht für nötig gehalten werde.

Innerhalb dieses Rahmens eben muß die Psychologie den Begriff des Wollens, wie alle ihre Begriffe, *bestimmen* und kann dabei der Entscheidung nicht ausweichen, wie sie sich zu dem gangbaren oder zu einem schon wissenschaftlich fixierten Sinne des Wortes verhalten wolle.

Darum ist es geboten, zuerst die allgemeine Sprache zu betrachten und zu erkennen, was in ihr das Wollen bedeute, um nachher zu erörtern, wieweit es notwendig oder doch geraten sei, diese Bedeutung für wissenschaftliche Zwecke abzugrenzen oder zu modifizieren.

Die Sprache ist ein Produkt des sozialen Geistes. Sie ist einem Korallenriff vergleichbar. Generationen von Individuen, von Sippen und Gemeinden, haben, meist ohne zu *wissen,* was sie tun, daran gearbeitet. Anstatt das Abstraktum, „die Sprache" zum Subjekt zu machen, können wir auch die menschliche Gattung als solches anschauen, wobei zu verstehen ist, daß diese in einer bestimmten Ausprägung: als Rasse, Volk, Stamm, gedacht wird. „Die Sprache" ist hierfür der abgekürzte Ausdruck, der mehr oder minder von diesen Unterschieden abstrahiert.

Abkürzung ist eines der großen Mittel, wodurch die Sprache den Zweck der gegenseitigen Verständigung auf leichtere und raschere Art

erreicht. Wo aber Zweifel und Gefahr des Mißverständnisses vorhanden, da kann sie fast immer auf einen längeren Ausdruck von gleicher
Bedeutung zurückgreifen, um den kürzeren zu erläutern. Die natürlichen Mittel aber, wodurch die Sprache neue Namen schafft, sind
Nachahmung, Zusammensetzung, Akzent, Analogie — von diesen hat
Analogie, d. h. Benennung mit gleichen oder ähnlichen Worten nach
gleichen oder ähnlichen Merkmalen, das weiteste Feld des Gebrauches.
Nur ein besonderer Fall davon ist das Bild, dieses große Werkzeug für
die Bezeichnung unsinnlicher Erfahrungen und Gegenstände. Der
Ursprung des Wortes „wollen" ist dunkel. Gewiß scheint nur 1, daß es
von der Wurzel, die auch im Worte „wohl" enthalten ist, sich her-
leitet 2, daß es seiner Form nach — im präsentischen Tempus — einen
Optativ darstellt, so daß auch *wünschen* der ursprüngliche Sinn wäre,
wie denn dieser Sinn auch im Gebrauch sich erhält; und in den verwandten Sprachen bei den (vielleicht auch verwandten Wörtern)
βούλεσαι und „velle" vom Sinne des Wollens sich äußerlich nicht
geschieden hat, wenn auch — wenigstens in späteren Epochen — dieser vermutlich durch die *Betonung* ausgezeichnet wurde. Das germa-
nische Wort steht durch die Optativformen in der Präsensflexion isoliert; doch wird es von einigen zu den „Praeterito—praesentia" gerechnet und immer im Anschluß an diese behandelt, weil es gleich
diesen (10 starken Verben, deren Perfekt Präsens—Bedeutung angenommen hat, nachdem das eigentliche Präsens verlorengegangen ist),
aus der Stammform des Plurals einen Infinit[iv] und ein Part. praes.,
sowie ein schwaches Praeterit[um], ohne Zwischenvokal bildet (vgl.
Grimm D. Gr. I Paul Mhd. Gramm. S. 66. Kaufmann D. Gram. S. 107)[2].
Worauf aber die Grammatiker nicht aufmerksam machen, ist dies,
daß alle diese Verba, mit Einschluß von Wollen, auch einen perfektischen *Sinn* haben, daß sie etwas Psychisch-Zuständliches bedeuten, dem
immer der Begriff des Besitzens am nächsten kommt, wie denn auch
ein got. „á ih", ahd. „aigan" = *eignen*, dazu gehört. Im Altnordischen gehören auch „unna" *lieben* und „muna" *sich erinnern* zu den Praet. Praes.
(Noreen, Altnord. Gramm. S. 176)[3]. Vermutlich würde, wenn Sprach-
sinne (Sprachsamen?) noch älterer Schichten bekannt wären, die Skala
als viel tiefer reichend erkannt werden. Die übrigen sind nämlich
(im Nhd.) „wissen", „taugen", „gönnen" (provinziell im Nd. oft „günnen
sein"), „können", „dürfen" (= *bedürftig sein*), „sollen", „mögen", „müssen"; dazu das ahd. „gitar" = *ich wage, traue mir, habe den Mut*. Wenn

---

[2] [Jakob Grimm, Deutsche Grammatik, 4 Bde., Berlin 1870 - 98; Hermann
Paul, Mittelhochdeutsche Grammatik, Halle 1881 u. später; Friedrich Kauff-
mann, Deutsche Grammatik, Marburg 1888 u. später.]
[3] [Adolf Noreen, Altnordische Grammatik, Halle 1884 u. später.]

wir uns nun erinnern, daß auch Besitzen, im eigentlichen Sinne, nur als
psychische Tatsache verstanden werden kann, und daß das Wort „Eigenschaft" die schlechthin logische Bedeutung eines abhängigen Seins hat;
so bemerken wir: alle jene Verba wollen etwas Eigenschaftliches von
ihren Subjekten aussagen, d. h. eine gleichsam aus dem Aggregat-Zustand des Werdens in den Aggregat-Zustand des Seins *geronnene Tätig-*
keit; dieses Eigenschaftliche aber enthält zugleich die Determination oder
Potentialität zu neuen Tätigkeiten und ist im Gegensatze zu diesen in
dauernder Verbundenheit von seinem Subjekte abhängig oder dazu
gehörig.

Wenn wir das Wort „wollen" auslegen oder umschreiben wollen durch
gleichbedeutende Ausdrücke, so tritt uns sogleich entgegen, daß „wollen" einen perfektischen Sinn hat. Denn für das Praesens „ich will"
können wir in sehr vielen Fällen sagen: „ich *habe* beschlossen", „ich
habe mich entschlossen" oder „ich *bin* entschlossen", „ich *bin*
gesonnen", „ich *habe* oder hege die Absicht", „habe den Vorsatz gefaßt" — immer: etwas zu tun oder etwas zu werden; das einfache
„gedenken" ist offenbar dem Sinne und dem Praefixe nach ein Praet.
Praes. jüngerer Bildung.

In diesen Synonymen wird also das Wollen teils gedacht als ein Zustand, der eine vollendete Tätigkeit voraussetzt, teils als ein Besitz,
teils als eine Eigenschaft — und diese Bedeutungen hängen (wie bemerkt) miteinander innig zusammen. Das neueste (vollständige) „Deutsche Wörterbuch" von Heyne erklärt einfach Wollen = *Absicht, Vorsatz*
haben. Im Grimmschen Wörterbuch steht der Artikel noch aus[4].

Wie jeder Zustand auf ein früheres Werden, so weist jeder Besitz
auf ein früheres Erwerben hin, und jede Eigenschaft wird von dem
Gegenstand besessen, dem sie zugeschrieben wird. Die Sprache führt
uns also auf eine Tätigkeit, die dem Wollen vorausgeht, sich in ihm
vollendet; wir halten uns zunächst an die Ausdrücke für diese Tätigkeit „beschließen" und „sich entschließen". Beide Ausdrücke sind bildlich und weisen wieder auf andere Tätigkeiten zurück, denen durch sie
ein Abschluß gegeben, ein *Ende* gemacht wird. In der Tat denken wir
einen Beschluß oder Entschluß immer als das Ende einer Überlegung, oder wie mit einem deutlicheren Bilde gesagt wird, einer *Er-*
wägung. Überlegung aber oder Erwägung versteht die Sprache als eine
Art des *Denkens,* und zwar als eine so bedeutende, daß „be-denken" oder
„überdenken", „hin- und herdenken" andere Synonyme von „überlegen"
und „erwägen" darstellen. „Denken" wiederum ist ein Wort von sehr

---

4 [Moritz Heyne, Deutsches Wörterbuch, 3 Bände, Leipzig 1890 - 1895. —
Der Artikel „Wollen" im Deutschen Wörterbuch von Jakob und Wilhelm
Grimm findet sich mittlerweile im XIV. Band, II. Abteilung, 9. Lieferung,
Sp. 1326 - 1365, Leipzig 1969.]

umfassender Anwendung; seinem Ursinn nach ist es wenig verschieden
von „sich erinnern", es bezeichnet also die Tatsache, daß Erfahrungen
— psychische Erfahrungen: es gibt keine anderen — *reproduziert* werden, und zwar heißt diese Tatsache insbesondere Denken, insofern als
dabei ein *Übergang* von einem ‚Bilde' (einer Idee) zum anderen statt-
findet und als dieser Übergang dem lebenden Menschen oder einem
ihm (in bezug auf diese Fähigkeit) ähnlich gedachten Wesen als *Tätigkeit* zugeschrieben wird. Da nun solcher Übergang vorzüglich von Zeichen auf bezeichnete Dinge geschieht, und da den Menschen gewohnte
und erlernte Wortzeichen so stark mit den bezeichneten Dingen verwachsen, daß sie regelmäßig das Wort fast als *identisch* mit dem Dinge
empfinden — so ist es die Erinnerung an Worte und durch Worte an
Dinge, diese Erinnerung als eine stumme geistige Tätigkeit, was die
Sprache schlechthin als Denken versteht. Es wird hier betrachtet als
Überlegung oder Erwägung, die einem Beschlusse vorausgeht — d. i.
als Denken an zukünftiges, als möglich vorgestelltes Handeln des denkenden Subjektes. Die Sprache vergleicht das der kommenden Zeit
angehörige mit dem im Raume vor uns (d. h. in der Richtung unseres
Sehens) Gelegenen. Es wird „ins Auge gefaßt", das Mögliche als wirklich gesetzt, die Beschaffenheit solches Wirklichen, seine gewissen oder
wahrscheinlichen *Folgen* betrachtet. Die Sache selbst und ihre Wirkungen werden teils als angenehm, teils als unangenehm vorausemp-
funden und gedacht, auf Grund von Erfahrungen, Vergleichungen, Mut-
maßungen. Im einfachsten Falle handelt es sich darum, einen bestimmten „Schritt zu tun" oder nicht. Ist es *richtig*, diesen Schritt zu tun? Es
gilt, sich ein Urteil darüber zu bilden. Die Überlegung ist ein Zustand
der Ungewißheit, des Zweifels, der Bewegung zwischen Ja und Nein.
Es scheint ein Vorgang zu sein, nicht verschieden von dem Nachdenken über eine ungewisse und dem Nachdenkenden vielleicht gleichgül-
tige *Tatsache*, deren Wahrscheinlichkeit geprüft wird: Denken über
das Dasein einer Tatsache. Die Sprache stellt in beiden Fällen den
Denkenden dar als einen frei Tätigen, der über ein gewisses Material
wie über äußere Dinge ‚disponiert', ihre Stücke auseinander(legt) und
zusammenlegt oder aber — in dem anderen Bilde — mit seiner Hand
die Waage festhaltend, gewichtige Gründe auf die Waagschalen ver-
teilt, und wartet, bis das Übergewicht auf der einen Seite deutlich sich
ergebe. Dieselbe Sprache bietet uns aber für den Vorgang ein anderes
Bild. ‚Stürmische Wünsche' ‚bedrängen' das Herz; sie finden Widerstand, ‚Bedenken' machen sich geltend — ein ‚innerer Kampf' ‚tobt' im
Gemüte — Begierde und *Hoffnung* ‚reißen' uns ‚fort', ein verführe-
risches Bild von Glückseligkeit gaukelt vor unserem ‚inneren Auge' —
aber die *Furcht* streitet dagegen, Furcht vor äußeren Folgen, Furcht
vor ‚Gewissensbissen' hält uns zurück. Die Neigungen selber werden

hier als tätig, als gegeneinander kämpfend gedacht, je nach ihrer *Stärke* entscheidet sich der Streit, die Begierde oder die Furcht „behält die Oberhand", Bedenken werden ,überwunden' — oder aber der Mensch bleibt ,unschlüssig', er „kann zu keinem Entschlusse kommen" — denn hier nennt es die Sprache „sich entschließen": das Ich ist in diesem Ausdrucke nicht schlechthin aktiv, sondern zugleich Objekt seiner eigenen Tätigkeit, also passivisch, es wird als ein geteiltes, nicht als Einheit vorausgesetzt. Nicht anders kann aber die Ungewißheit über eine Tatsache, sei es eine vollendete oder zukünftige, sich als *Qual* darstellen, sobald als die Tatsache dem Denkenden „wichtig" scheint, als etwas für sein Wohl und Wehe, sein Wünschen und Wollen davon abhängt, kurz indem er sie hofft oder fürchtet. Die Gemütsbewegungen erregen die Gedanken, aber sie erschweren zugleich deren zweckmäßigen Verlauf in Absicht auf das Ziel einer so sehr als möglich richtigen Erkenntnis, möge nun diese Erkenntnis selber auf das Richtige einer zu beginnenden Aktion oder auf das Wesen einer Tatsache sich beziehen. Darum ist es eine gewöhnliche Rede: „nach langem inneren Kampfe", „trotz schweren Bedenken" „habe ich mich entschlossen"; und manche Menschen haben die eigentümliche Schwäche, sich überhaupt nicht entschließen zu könnnen — was bald auf natürliche Ängstlichkeit und Kleinmütigkeit zurückgeführt wird, die der ,frischen Tatkraft' entgegenstehen, solche nicht aufkommen lassen, oder, was dasselbe sagt, auf Mangel an Energie, an Mut, auf Schwäche der Instinkte — bald zurückgeführt wird auf ein Übermaß von Denken, von Reflexion, so daß die Erwägung nicht zu Ende kommt („die angeborene Farbe der Entschlossenheit wird von des Gedankens Blässe *angekränkelt*"). Ob ich mich entschlossen habe oder ob ich *beschlossen* habe, das Ergebnis ist dasselbe: *ich will* — und dieses *ich will* kann gewöhnlich indifferenter gleichsam zurückübersetzt werden in *ich habe beschlossen* oder *ich habe mich entschlossen*. Und grammatisch bemerkenswert ist noch: das eine wie das andere kann nicht wohl präsentisch gebraucht werden — es sei denn, daß die präsentische Form den Sinn des Praeteritums habe —, man sagt nicht von sich: „ich beschließe" oder „ich entschließe mich", der Sprachgeist sträubt sich dagegen, warum? da man doch andere psychische Akte durch ein Präsens beschreibt: „ich sehe, „ich höre", „ich denke" — in allen diesen Fällen dauert die Tätigkeit eine gewisse Zeit, sie dauert noch fort, während man sie berichtet, dagegen das beschließen oder sich entschließen wird als ein *momentaner* Akt gedacht, während man ihn auffaßt und sprachlich wiedergibt, ist er schon beendet, gehört er der Vergangenheit an. Auch hier aber ein kleiner bemerkenswerter Unterschied der Synonyma. Das sich Entschließen können wir, wenigstens mit erläuternden Beiworten, *eher* in präsentischer Form aussagen: „ich entschließe mich

sehr schwer dazu", „ich entschließe mich eben" — hier wird also eher
dem Akte, aus dem das Wollen hervorgeht, eine gewisse Dauer zugeschrieben; freilich hat man Grund, die erstere Wendung als ein Futurum dem Sinne nach zu deuten, die andere aber stellt das sich Entschließen als einen Akt dar, der von der Überlegung nicht scharf geschieden ist, als Zweck und Ende der Überlegung vermischt er sich mit
ihr, und wie diese jedenfalls weniger als der Beschluß ein *einheitliches*
Subjekt hat, so auch die Entschließung — sie kann in ihrem Werden
aus verschiedenen, ja entgegengesetzten Elementen eher beobachtet
werden; hingegen gilt vom Beschließen in höherem Grade und aus-
schließlicher, daß es als momentaner Akt eines einheitlichen Subjektes
gedacht wird. Auch *Sigwart*, dessen Analyse des Wollens der Sprache
und daher der Synonymik besondere Beachtung widmet, hebt den Begriff des „Entschlusses" von den übrigen Formen der Willensentscheidung ab (aaO S. 152). Sie trete dann als „Entschluß" auf, wenn die
Frage „Kann ich?" bejaht war, die Frage „Soll ich?" aber nicht zum
„Beschlusse" geführt hat. Es liege in der Natur des Entschlusses, daß der
Mensch dabei sich keiner zwingenden Gründe bewußt sei, die ihn un-
fehlbar nach einer Seite bestimmen: „stat pro ratione voluntas".

Wir halten uns noch in Kürze an diese Unterscheidung von Ent- und
Beschluß; aber wir wollen lieber die Verba unterscheiden, um so mehr,
da auch die Sprache diese abstrakten Substantiva fast immer in Verbindung mit der Tätigkeit des ‚Fassens' bringt; die Tätigkeiten sind es,
die uns als dem Wollen, dem ‚Entstehen' eines Ent- oder Beschlusses
vorausgehend, interessieren. Nun muß aber bemerkt werden, daß einer
Unterscheidung, die kaum in einer anderen Sprache ihre Parallele haben dürfte, ein erheblicher Wert schwerlich beizumessen ist, geschweige
denn, daß daraus für die Theorie Folgerungen zu gewinnen wären;
wenn auch zugegeben wird, daß die deutsche Sprache sich durch eine
gewisse Innerlichkeit auszeichnet, und, mehr als andere, introspektive
Erfahrungen ausgeprägt hat. Nun ist aber der Unterschied zwischen
„beschließen" und „sich entschließen" einmal der, daß jenes Wort eine
weitere Sphäre der Anwendung hat: mich entschließen kann ich nur,
etwas zu tun (oder zu unterlassen) — denn auch sich entschließen, etwas
zu leiden (zu dulden, sich gefallen zu lassen) und etwas zu werden,
z. B. (im Sinne des *Beruf ergreifen*) hat logisch die unmittelbare Beziehung auf Tätigkeiten oder Unterlassungen —; beschließen aber kann
ich auch, daß ein Anderer tun solle, daß etwas geschehen soll, was ich
nur ‚veranlassen', d. h. bewirken kann und will. *Dieses* Wollen ist also
das einer unbestimmten Tätigkeit, an der nur ihre kausale Eigenschaft in bezug auf einen erwünschten Effekt, d. h. in bezug auf einen
Zweck, wesentlich ist, es ist das Wollen *des* Mittels, nämlich des ge-
eigneten oder des besten oder des bequemsten Mittels, des Mittels

schlechthin. Sich-Entschließen und das daraus gebildete Wollen erstreckt sich so weit nicht; es geht immer auf bestimmte Tätigkeiten,
bei denen gerade das unbestimmt bleibt, ob sie als Mittel gedacht
werden oder als Eigenwerte (wie wir im Gegensatze dazu sie nennen
mögen). Aus dem Unterschiede entspringt, was Sigwart ins Auge gefaßt hat, daß das Beschließen als die *rationalere* Tätigkeit sich darstellt; und eben darum wird es regelmäßig von Versammlungen und
Vereinen gebraucht, die zwar auch als Ganze tätig sein und sich dazu
entschließen können, mehr aber sich dadurch auszeichnen, daß sie für
gemeinsame Zwecke über gemeinsame Mittel, gemeinsame Macht verfügen, und daß sich auf solches Verfügen ganz besonders ihr Wollen
bezieht. Ferner hängt damit zusammen, daß das Sich-Entschließen die
Mitbedeutung des Überwindens von Bedenken, d. h. inneren Widerständen, also des Abschlusses eines Kampfes hat, während Beschließen
eher auf die ruhige, friedliche und vernünftige Tätigkeit des Abwägens von Gründen zurückweist. Wenn aber Sigwart meint, die Überlegung werde (im Entschließen) durch einen „souveränen Akt" abgebrochen, und hier besonders fühle man sich *frei*, so ist daran zwar dieses
richtig: eben wegen des Kampfes, der vorherging, ist hier das Siegende im „Ich" mit der Empfindung von Gewalt und Macht verbunden,
darum ist Entschlossenheit soviel als Mut, und wird die resolution, die
in Hamlets Monolog ein native hue hat, richtig als *Entschluß* oder
Entschließung übersetzt. Aber es folgt daraus nicht ein stärkeres Gefühl der „Freiheit" im Vergleiche zum Beschließen; vielmehr deutet
die reflexive Form auf ein doppeltes Ich und auf ein nur zeitweiliges
Überwinden und zwingendes Zusammenhalten; hingegen fingiert das
Beschließen gerade die freie und souveräne Tätigkeit, nicht allein in
der Entscheidung, sondern eben im Abwägen der Gründe schon; das
Ich wird hier als seinem Wesen nach vernünftig und von den streitenden Leidenschaften verschieden, über sie erhaben gedacht. Von Versammlungen läßt es um so eher sich sagen, weil hier das beschließende
Subjekt durchaus ideeller Natur ist, d. h. nur durch Denken erkennbar ist; wie denn nicht minder das individuelle denkende Ich sich
selber schafft und erkennt. Eben daher hat, vom Individuum gebraucht,
das Beschließen leicht einen exemten und feierlichen Charakter. Das
Vernünftige im Menschen setzt sich gleichsam auf den Thron. — Weil
aber Sich-Entschließen oft jene Mitbedeutung des dahinterliegenden
Kampfes hat, so paßt es gerade in bezug auf solche Tätigkeiten, die
nur als Mittel gewollt werden, wenn sie als Eigenwerte eher Widerwillen, vielleicht Abscheu erregen, der also überwunden werden muß
— da wird denn auch wohl hinzugesetzt: ich habe mich ungern, wohl
gar: ich habe mich notgedrungen entschlossen, d. h. eben um des
Zweckes willen, der es erforderte und gebot; der Zweck ist ‚maßge-

bend'. Auch kommt das Gleichnis des Schiedsgerichts, das früherer
Vermutung nach (im Texte, S. 48) dem Worte „Entschließung" zu Grunde
liegt, mit diesem Gebrauche wohl überein, indem man denken kann,
daß die streitenden Gefühle auf den Zweck als den Schiedsrichter sich
gleichsam einigen.

Wie von Be- und Entschlüssen, so sagen wir auch von *Vorsätzen,*
daß sie ‚gefaßt' werden; aber als Verb wird eher „Sich-vornehmen"
als „Sich-vorsetzen" gebraucht — beide sind reflexiv; während aber das
„Sich" beim Entschließen Akkusativ, so ist es hier Dativ, dort bin ich
mein eigenes Objekt, hier der Interessent, dem die Tätigkeit, die sie zum
Inhalte haben, zugute kommt; hier ist daher die Anwendung auf etwas,
das nur als Mittel gewollt wird, viel weniger natürlich, denn die me-
diale Form deutet auf unmittelbare Annehmlichkeit, während sonst
erst vom Zwecke solche erwartet wird. Man vergleiche: „er hat sich
entschlossen, diese Arbeit zu machen" — wo sehr nahe subintelligiert
wird: *der Entschluß wurde ihm schwer, die Arbeit ist lästig* — und „er
hat sich vorgenommen, diese Arbeit zu machen" — wo viel leichter
gedacht wird: *die Arbeit selber macht ihm Vergnügen.* Richtig bemerkt Sigwart, daß „Vorsatz" (auf dessen abweichende juristische Bedeutung er hinweist) vorzugsweise einen *allgemeinen* Inhalt hat; er hätte
hinzufügen können, daß dieses Wort eben darum gern in moralischem
Sinne angewandt und mit lobenden Prädikaten belegt wird, wobei
denn der *Gegensatz* zwischen Wollen und Tun besonders grell in die
Erscheinung tritt. Auch ist es richtig, daß hierin und sonst der Vorsatz
oft den Charakter eines *hypothetischen* Wollens annimmt. Der Grund
aber für das eine, wie das andere dürfte darin gelegen sein, daß alle
diese Wörter die Vorstellung einer *Aufgabe* an sich ziehen, eines zu
leistenden Werkes, eines Ganzen, einer *Gesamtheit* von Tätigkeiten,
daher sie besonders die *Vollendung* ins Auge fassen, während das
Sich-Entschließen gerade eher auf den Anfang geht. „Ich habe mich
entschlossen, diese Arbeit zu unternehmen, zu beginnen." Aber: „ich
habe mir vorgenommen, diese Arbeit bis zum 15. d. M. fertig zu stellen" — dies bedeutet, daß ich intensiv tätig, fleißig sein will, weil ich
weiß, was *dazu gehört*, die Arbeit bis dahin fertig zu stellen. „Sich-
Entschließen" würde hier eine andere Nuance ergeben: das Fertigstel-
len wäre als einzelner Akt gedacht, ein rein äußeres, ja gewaltsames
Abschließen würde dem Begriffe genügen. — „Vorsatz" und „Absicht"
werden oft gleichbedeutend gebraucht. Beide werden ‚gehegt' als ver-
borgene, unter Umständen geheime Gedanken; sodann wird das Tun
‚mit Vorsatz' oder ‚mit Absicht' dem zufälligen und, besonders in bezug auf die Wirkung, ungewollten Tun, entgegengesetzt (eben daraus
entspringt der juristische Begriff des Vorsatzes). Übrigens aber ist der
eigentliche Sinn von „Vorsatz" und „Absicht" sehr verschieden. Sie ver-

halten sich wie Entschluß und Beschluß, nur daß bei diesen die Trennung viel weniger scharf. „Absicht" — es worauf abgesehen haben, geht seiner eigentlichen Bedeutung nach auf das Denken an den *Zweck;* darauf weist auch die Etymologie: noch bei Goethe wird „Absehen" genannt, was wir jetzt nur durch die Fremdwörter „Visier" und „Diopter" (von Maßinstrumenten) bezeichnen; „Absehen" ist aber auch in mentaler Bedeutung das ältere Wort, erst im 18. Jahrhundert mehr und mehr durch „Absicht" verdrängt. Man hat aber nicht nur die Absicht, etwas bestimmtes zu *tun* (dies ist eigentlich nur eine läßliche Redeweise, wodurch, wie schon gesagt, Absicht dem Wunsche sehr nahe kommt), sondern vor allem die Absicht, etwas bestimmtes zu erreichen oder durchzusetzen; und hier ist viel mehr Grund zum Geheimhalten, ja zum täuschenden Verhüllen, die Absicht wird gar oft zum *Hintergedanken* und ist dann wiederum nicht verschieden vom geheimen *Wunsche,* nur daß dieser oft untätig, Absicht immer tätig ist, und ihren Gegenstand als gedachten scharf wie einen Zielpunkt ins Auge faßt. So zumal, wenn es sich um feindliche Absichten handelt; aber auch bei den bekannten ‚redlichen' Absichten, die den Müttern erwachsener Töchter so interessant sind, hat der Bewerber in der Regel Grund, sie nicht vor der Zeit allzu offen kund zu tun. Absicht bemerken und *fühlen* verstimmt, wenn sie freundlich ist, aber es gibt Überlegenheit, ja Triumph im Kampfe, daher auch im Spiele und in den Intrigen des gesellschaftlichen Lebens. Immer ist hier das Tun und die Absicht zweierlei; die Absicht *erklärt* das Tun, sie ist die Einheit in seiner Mannigfaltigkeit. Daher ist es oft ein Problem, die Absicht zu erraten, die ‚dahinter steckt', und oft eine große Kunst, die Absicht *nicht* merken zu lassen. Alles dies wird niemals „Vorsatz" genannt, der Vorsatz geht auf die Sache selbst; was einer in *diesem* Sinne ‚will', ist viel leichter zu erkennen, besonders sofern es ein Ganzes ist, dessen Anfänge vorliegen, da handelt es sich um eine einfache Ergänzung — das Tun und der Vorsatz sind in dem Sinne *einerlei,* daß das *vollständige* Tun nur der *verwirklichte* Vorsatz ist, der Vorsatz darin erfüllt und offenbar geworden [ist]; während die Absicht sich erst erfüllt, wenn das Tun die erwünschte *Wirkung* hat, und vielleicht niemals offenbar wird. —

Wollen heißt aber ferner s. v. a. gewählt haben. Wählen wird vorzugsweise auf Gegenstände (Personen und Dinge) angewandt, es setzt Vergleichen und Unterscheiden voraus, wenn es denkenderweise geschieht; auch ihm wird ein einheitliches Subjekt, das aber wiederum als auf sich selbst wirkend dargestellt wird in dem synonymen Ausdruck: „sich entscheiden für etwas". Auch dem Wählen geht oft Schwanken, Zweifel, Unschlüssigkeit, Unentschiedenheit voraus, welchem Zustande eben der Akt des sich Entscheidens ein wenigstens zeitweiliges Ende macht. Eher noch als „sich entschließen" werden die Worte „wäh-

len" und „sich entscheiden" präsentisch gebraucht, weil sie, auch wenn
auf Handlungen angewandt, diese gleichsam als Gegenstände erfassen,
und dieses Erfassen stellt sich der Sprache als eine gewisse Zeit erfor-
dernd dar. Ihrem Präsens kann alsdann „ich will" usw. mit gleicher Bedeutung zur Seite treten, nicht ebenso ihren Präterital-Formen die entsprechenden Abwandlungen des Verbums „Wollen", es sei denn, daß
„wollen" in der Aussage einfach stellvertretend für jene anderen Verben wird; der Unterschied nämlich tritt mehr hervor in der Erzählung, z. B. „Ich wollte ein Gemälde kaufen; in der Kunsthandlung von
X wurden mir mehrere Werke neuerer Meister vorgestellt; ich wählte
(entschied mich für) einen Böcklin"; wenn hier für „ich wählte" eingesetzt wird „ich wollte", so ist der Sinn verändert; dies letztere könnte
nur heißen: „ich *hatte* mich (schon vorher) entschieden für —, ich *war*
entschlossen...", so daß ein Akt der Wahl nach Vorstellung gar nicht
mehr stattfand. Oder, wenn es sich um eine Tätigkeit handelt (wir
setzen der Abwechslung wegen die dritte Person): „Der Prinz wurde vor
die Alternative gestellt: entweder sich von seiner Gattin zu trennen
oder auf seine Erbansprüche zu verzichten; er wählte (entschied sich
für) den Verzicht (entschloß sich zu verzichten)." Auch hier würde der
Sinn verändert, wenn es hieße: „*er wollte* verzichten"; betont man das
„wollte" stark, so wird die genaue Deutung nicht nur einen schon feststehenden Entschluß (der also nicht erst ‚gefaßt' wurde), sondern auch
einen *Wunsch* hineinlegen, der den Verzicht in höherem Grade als
einen freiwilligen — nicht durch die Alternative allein bedingten —
erscheinen ließe; man erwartet aber dann einen Nachsatz, der den
wirklichen Ausgang, und zwar am ehesten sein wirkliches Tun in Gegensatz bringt zu diesem seinem Wollen, z. B. „da er aber durch die
Mitteilung seines Entschlusses einen Zornesausbruch seines Vaters er-
regte, wurde er von neuem unschlüssig". Wenn man aber das „wollte"
schwach betont, dagegene das Wort „verzichten" stark, so wird der
Sinn des Wollens abgeschwächt in: *war geneigt zu, war bereit zu,*
und verlangt eine Ergänzung wie: „aber nicht bedingungslos", „nicht
zugleich für seine Nachkommen" oder dergl. Endlich könnte man auch
das „er" stark betonen und etwa die Ergänzung erwarten: „aber seine
hochherzige Gattin ließ es nicht zu und bewog ihn, in die Trennung zu
willigen". Auch dann würde das Wollen die abgeschwächte Bedeutung
haben und *zugleich* in Gegensatz zur Tat gebracht werden, was im zweiten Falle nicht notwendig ist. — Die begrenzte Zahl der Möglichkeiten,
am schärfsten ausgeprägt in der Alternative, ist es, was dem Wählen
oder sich Entscheiden ebenso inhäriert, wie die Überlegung dem Beschließen, während „sich entschließen" nach beiden Richtungen gebraucht
wird, in der Regel aber modifiziert je nach der angefügten Präposition
„zu" oder „für". Übrigens aber haben alle diese Ausdrücke gemein, daß

sie einen seinem Wesen nach gleichartigen psychischen Akt bezeichnen, der auch (wie im Texte S. 48 gesagt) als „mit sich einig werden" beschrieben wird; und dieser Akt kann sowohl auf die ‚Aneignung' eines Gegenstandes (dies die eigentliche Bedeutung von „wählen"), als auf die Ausführung einer Tätigkeit sich beziehen. Zwar kann auch Aneignung als eine Tätigkeit begriffen werden, dies alles positiv oder negativ, singulär oder allgemein verstanden. In jedem Falle involviert der psychische Akt eine *Aussage*, daß solche Tätigkeit oder Aneignung in (näherer oder fernerer) Zukunft stattfinde; und daß das Subjekt des Aktes auch Subjekt dieser Tätigkeit oder Aneignung sein *werde*. Er enthält aber mehr: und dieses Mehr wird sprachlich dahin ausgedrückt, daß die Tätigkeit (wie wir nunmehr in Kürze sagen) stattfinden *soll*. Darin liegt die Idee der gegenwärtigen *Bewirkung* zukünftigen Geschehens, der Bestimmung und Fixierung eines an sich nur Möglichen, so daß es (der Idee nach) schon jetzt ein Gewisses und Wirkliches, Notwendiges wird, und zwar wird *durch* den psychischen Akt, worin es gedacht wurde. Dies im Unterschiede von einer ebensolchen, aber bloß „theoretischen" Bestimmung und Fixierung: wenn ich von mir oder einem Andern aussage ein *Voraussehen* („Voraus-wissen") zukünftigen Geschehens, so wird dieses *auch* als schon jetzt gewiß, aber nicht als *durch* das Voraussehen bestimmt und bewirkt gedacht. Auch das Erkennen wird als Tätigkeit vorgestellt, aber nicht als produktive, hingegen das Beschließen usw. als ein gleich dem Tun, Schaffen, Arbeiten selber und ihm voranschreitend, die Wirklichkeit *gestaltender* Akt. Wiederum: wo das Denken *für sich allein* produktiv ist, da ist das von ihm gestaltete eben als solches unwirklich. Es wird also die Zukunft gleichsam herangezogen, ‚vorgenommen' und angeeignet, insoweit als sie durch eigene Handlungen (oder Unterlassungen) dargestellt wird. Alles dies drückt nun auch die perfektische Form jener Zeitwörter und das Äquivalent dieser Form, „Wollen" aus: nämlich nicht bloß eine vergangene Tatsache, sondern die gegenwärtige, dauernde, beharrende des *Festhaltens* jenes Vorgenommenen und Angeeigneten; das also, (gleichsam) *erworben* durch den Beschluß usw., durch das Wollen (gleichsam) *besessen* wird. Und während nun jene Wörter des Erwerbens auf andere Tätigkeitswörter so bezogen werden, daß sie des Verbindungswortes „zu" bedürfen: so wird an „wollen" unmittelbar der Ausdruck für die ‚gewollte' Tätigkeit angeknüpft: diese wird als *Objekt* des Wollens gedacht. In dem *Akte* des Beschlusses, des Vorsatzes muß die Verbindung gleichsam erst hergestellt, die Brücke geschlagen werden, in dem *Zustande* des Wollens ist sie vorhanden und wird ausgedrückt wie die Einheit einer Tätigkeit mit dem Gegenstande, der die Tätigkeit (grammatisch!) erleidet. Eine Feinheit der Sprache: sie macht sonst den Infinitiv, d. i. den abstrakten Ausdruck einer Tätigkeit oder

eines Geschehens, nur zum unmittelbaren Objekte von Verben, die einen
Erkenntnisakt bezeichnen: sehen, hören, fühlen, das sind die ‚Tätigkeiten‘, die man andere Tätigkeiten ‚erleiden‘ lassen kann; im allgemeinen kann man ihnen wegen ihrer undinglichen Natur nichts anhaben
— aber können, dürfen, müssen, sollen, *wollen* kann man sie —: als
Tätigkeit kann nur jene nichts verändernde des Erkennens sie unmittelbar ergreifen; aber ein Zustand kann unmmittelbar in sie übergehen
(transitiv). Wörter, in deren grammatischer Form auch die Erinnerung an gewesene Tätigkeit erloschen ist, deren Sinn also gleichfalls
nichts mehr an ihnen verändert, halten ‚Tätigkeiten‘ von sich abhängig. Eine solche rein normale Tätigkeit, die ausdrücklich an ihrem
Objekte nichts verändert, zeigen insbesondere auch die perfektischen
Zeitwörter „besitzen“ (in seinem geistigen Sinne) und dessen Äquiva-
lente „hegen“, „*haben*“, an, von denen nur das letzte mit anderen Zeit-
wörtern verbunden wird, aber dadurch eben zum bloßen „Hülfszeitwort“
herabsinkt, nur als grammatisches Zeichen der abgeschlossenen Vergangenheit gültig ist, wie für die vorausgesehene Zukunft das ganz
passivische „werden“. Daß sie nichts als Hülfszeitwörter sind, entdeckt
an ihnen die grammatische Beobachtung. Genauer betrachtet ist das
Verhältnis so: sie haben ihren selbständigen Sinn mit dem eigenen *Ton*
verloren; gibt man ihnen den Ton wieder, so haben sie auch den ab-
geblaßten Sinn nicht mehr, sondern heben die gewesene Tätigkeit als
eine gleichsam besessene, die zukünftige als eine entstehende hervor. Um-
gekehrterweise können nun auch jene Praeterito-Praesentia, die alle eine
mögliche, insofern eben in die Zukunft gelegte Tätigkeit zum Objekte
haben, durch schwache Betonung mehr oder weniger die Natur von
Hülfszeitwörtern annehmen: teils, indem sie fast nur noch die *Möglichkeit* („können“, „dürfen“, eigentlich = die Kraft haben, die Befugnis
haben), teils fast nur die *Zukunft* bedeuten („müssen“, „sollen“, „wollen“ = genötigt sein, den Auftrag oder die Pflicht haben, den Vorsatz
haben usw.). Und nun ist es bekannt, daß in mehreren bedeutenden
(germanischen) Sprachen wenigstens die beiden zuletzt genannten
Wörter als bloße Hülfszeitwörter, um das ‚Tempus‘ der Zukunft auszudrücken, gebraucht werden. Bemerkenswert, wie das Englische ein
jüngeres, wie eigentliche Tätigkeitswörter flektiertes (— s Endung in
der 3. sing. praes.) Verbum, mit schwachem Praeteritum, reproduziert
hat, das aber nicht mehr sich getraut, die gewollte Tätigkeit direkt
von sich abhängig zu machen (he wills to . . .). In der Umgangs- und
Literatursprache sonst wenig gebraucht, muß dies Verbum dagegen
den Philosophen zur Bezeichnung des Wollens dienen, weil sie eben
den Willens-Akt fixieren wollen. Im Leben wird der zwiefache Sinn
unseres Wollen einmal (der starkbetonte) als „to be willing“, auf der
anderen Seite (der schwachbetonte) als „to wish“ ausgedrückt. Hier ist

also auch die Bedeutung des ‚Wollen' völlig abgeschwächt; in Wirklichkeit ist sie es auch in unserer Sprache, sobald die Betonung
schwach wird; nur ist es nicht eigentlich das Futurum, wozu die Verbindung sich erweicht, sondern eine Nuance, die wir am besten als
„im Begriffe stehen" oder etwa als „sich neigen zu", „anfangen", „sich
anschicken" umschreiben, und die im Englischen (zuweilen) regelmäßig
durch die Durativ-Form des Gehens ausgedrückt wird; vermehrt nur ist
jene Nuance durch die Andeutung des Wünschens, oder doch einer
Bejahung, die der Tätigkeit als solcher, daher auch allen Anfängen,
Versuchen und Zurüstungen inhäriert. Hier vermischt sich also die
psychologische mit einer bloß logischen, übertragenen Bedeutung, die
auch für sich allein in vielfachem Gebrauche ist; „wollen" = nahe daran
sein, daher den Begriff des Wahrscheinlichen herauskehrend. Wenn aber
innerhalb dieser Verbindung der eigentliche psychologische Sinn sich
wiederum geltend macht, so kommt dieser nicht hinaus über das
„*Wünschen*", eine Art des *Strebens*, die auf eigene Tätigkeit angewandt, selber nicht eindeutig ist, sondern bald einen perfektisch-zu-
ständlichen, bald einen präsentisch-aktuellen Charakter hat. So verwandelt sich die Bedeutung des Wollens zwiefach; einmal kommt sie der
des Wünschens als eines Geneigtseins ganz nahe, wie im Sinne der
Bereitwilligkeit; sodann aber der des Wünschens als einer Tätigkeit,
insbesondere des ungeteilten oder des stärkeren Wünschens, das im
Wählen zum Ausdrucke kommt; und da dem Abschlusse des Wählens
ein Sich-Entschließen, wo es sich um die Wahl zwischen möglichen
Tätigkeiten handelt, entspricht, so kann „wollen" auch diese Tätigkeit
selber bezeichnen, obgleich es seinem eigentlichen Sinne nach vielmehr
auf ihr beruht und sie hinter sich hat. Zugleich aber assoziiert sich
dieser Bedeutung die Konnotation des Zufälligen, Unberechenbaren,
die den individuellen Gefühlen und Neigungen anhängt, insbesondere
ihrer Unabhängigkeit vom Denken, also von Gründen, und schlechthin
von den logischen Elementen des Geistes. Man spricht in diesem Sinne
von dem reinen oder dem nackten Belieben, wie von der Laune oder
Caprice, und sofern darin ein Gedanke ist, dem „Einfall"; es ist etwas,
das wir, auf Grund eines irrigen Urteiles über uns selbst, für immer
gleich möglich und zugleich für das eigenste Produkt unseres Geistes
halten; welches letzte allerdings richtig ist, in dem Sinne, wonach alle
unsere Vorstellungen frei sind, d. h. daß wir sie als Tätigkeiten oder
Erzeugnisse empfinden, im Gegensatze zu Empfindungen und Wahrnehmungen, die für naive Auffassung von den Dingen, durch Eindrücke auf uns, hervorgebracht *werden*. Alles dies, das Belieben, der
aktive Wunsch, die grundlose Lust zu einer Tätigkeit, ja der bloße
Einfall, heißt auch „Wollen". Bedingung dafür ist aber, im Gegensatze
zum Wollen im strengeren Sinne, die unmittelbare Verwirklichung,

so daß es deren Anfang selber bedeutet und nie in Opposition zum
Tun überhaupt, sondern nur zu dessen Vollendung kommen kann, indem die Tätigkeit nicht gelingt oder aus inneren oder äußeren Ursachen unterbrochen wird.

Es mag nun eingewandt werden: in diesen Fällen sei doch der Unterschied vom eigentlichen Wollen, wenn dieses als Beschlossenhaben,
Entschlossensein gedeutet werde, unerheblich; denn es trete ja dieser
Zustand unmittelbar nach Vollendung der geistigen Tätigkeit ein, be-
stehe also dann, wenn die beschlossene Aktion unmittelbar sich an-
schließe, *während* dieser, indem er sich freilich sogleich in sie auflöse. —
Demgegenüber werde darauf hingedeutet, daß die Sprache selber *dieses*
Wollen nicht allein von der vorhergehenden mentalen Tätigkeit, sondern auch von dem, was wir hier als eigentliches Wollen begreifen, fein
unterscheidet. Am deutlichsten tritt dieses wieder in der Erzählung
hervor. „Nach einer langen Wanderung erreichte ich in später Stunde
ein Wirtshaus. Ich wollte hier übernachten (= hatte mir vorgenommen, gedachte). Indessen fand ich es unsauber und abstoßend. So entschloß ich mich dann, obgleich das nächste Wirtshaus eine Wegestunde
entfernt war, meine Wanderung fortzusetzen. Ich wollte eben auf-
brechen, da — nahte ein schweres Gewitter." Das letzte „ich wollte"
kann nur interpretiert werden durch Wendungen wie „ich stand im
Begriffe, ich schickte mich an". Wir werden hier also auf das schwachbetonte Wollen zurückgeführt, und dadurch auf das Mittlere zwischen
einer bloß logischen Bedeutung (diese hat das *im Begriffe stehen*)
und einer psychologischen, die eben das Anfangen der Tätigkeit selber
bezeichnet.

Es ist daher geraten, aus diesen verschiedenen Bedeutungen des
Wortes verschiedene Begriffe zu machen, und diese auch terminolo-
gisch zu unterscheiden; schon, um der Notwendigkeit überhoben zu
sein, von einem Wollen im eigentlichen, im weiteren und engeren Sinne
zu reden. Wir lassen nun das starkbetonte, perfektische und eigentliche
Wollen diesen Namen tragen. Dagegen nennen wir die psychische
Tätigkeit, die teils in Verbindung mit einer vorgestellten Bewegung
deren Verwirklichung bejaht, d. h. mit Lustgefühl begleitet, teils nur
als der eigene Impuls empfunden wird — im Denken —, die Tätigkeit
des *Kürens*, und die Tätigkeiten, in denen sie sich erfüllt, gekürte
resp. kürbare. Endlich mögen deren Anfangslieder, sofern sie von den
Impulsen unterschieden werden, die „Anhebungen" heißen (der alte und
noch in der Kriminal-Jurisprudenz erhaltene Begriff des conatus,
neuerdings bei englischen Psychologen wieder als conation in Aufnahme). —

Printed by Libri Plureos GmbH
in Hamburg, Germany